JN328084

明日からできる

速効マンガ

❻年生の学級づくり

土作 彰 著　石山さやか マンガ

日本標準

若手教師のみなさん！教職を楽しむための「装備」をもとう！

これが『明日からできる速効マンガ 学級づくり』シリーズのコンセプトです。

今、教育界は大きな転換期に直面しています。いうまでもなく新旧交代の時期です。この数年で教育現場はぐっと若返りました。若い教師にはベテラン教師にはない魅力があります。それは「若さ」です。あまり世代も変わらぬ若い「お兄さん、お姉さん」先生がすぐそこにいてくれるだけで子どもたちは大喜びです。出会いの瞬間に子どもたちを惹きつけられる、それが若手教師の1つの「装備」といえるでしょう。

しかし、教育現場は「若さ」という1つの「装備」だけで乗り越えていけるほど甘くはありません。「若さ」という「装備」が効力を発揮するのは、極めて短い間なのだと考えてください。

たとえば新任の教師には次のような「運命」が待ち受けています。赴任のあいさつから続く怒濤の新年度業務の連続に忙殺されるなかでの子どもたちとの出会い。何をしてよいかわからぬままに、あれよあれよと時間だけが過ぎ去っていく。はじめこそ「若さ」に惹きつけられて寄ってきてくれた子どもたち。

「なんとかやれるかも？」

そんな淡い期待は長くは続かない。気がつくと始まっていた授業や学級経営。見通しがつかず、どう対応してよいかわからぬ日々……。

ただ懸命に一日一日を乗り切るだけ。そうして学級も荒れ始め、あれだけ夢見た教育現場に行くのがつらくなっていく……。初任者なら必ず通る道でしょう。教師になって早くも立たされる岐路といってよいでしょう。さて、その岐路に臨んでの選択肢は3つしかありません。

教師教育を終えて現場に赴く。赴任のあい

その1　耐え忍んでやり過ごす。
その2　教職を辞する。
その3　打開策を求めて学ぶ。

これら3つ以外にはありません。

この本を読まれている方はきっと3つめの選択肢を選ばれた方でしょう。

そう！　もし将来、せっかく選んだ教師という職業を楽しみながら続けたいと思うのなら、「打開策を求めて学ぶ」しか方法はないのです。

もしかしたら、読者のみなさんのなかには「かつての恩師の姿に憧れて教師になった」という方もおられるでしょう。でも、そのすばらしい恩師はきっと例外なく、あなたと同じ若き苦悩の時代を過ごし、「打開策を求めて学ぶ」ことをされてきた方なのです。おいしい料理を食べる客には厨房《ちゅうぼう》での料理人たちの「戦い」が見えぬ、わからぬのと同様に。

では、学級経営を行うのに必要な「装備」には、まず、何が大切なのでしょうか？

それは「哲学」と「上達論」です。

「哲学」とは「目の前の子どもたちをどのように育てたいのか？」という思想です。これがないと行き当たりばったりの指導に終始し、結果「ブレた」指導を行ってしまい、子どもたちを混乱させてしまいます。その度重なる混乱はやがて子どもたちの「反旗」となって教師に向かってくることになります。いわゆる「学級崩壊」です。

「上達論」とは「子どもの成長に応じて指導法をレベルアップさせていく」という考え方です。新学期の4月と翌年の3月とで子どもたちの姿は同じであるはずがありません。学校が子どもの力を伸ばすことを前提とするならば、1年後の子どもたちに対する指導は大きく変わっているはずです。ところが、この「上達論」をもたないといつまでも子どもたちの力は伸びないばかりか、日々、下降線をたどることになります。

さあ、なんとか1ミリメートル前進すべくがんばりましょう！

とはいえ「打開策」とは小難しい教育書や論文を読むことからしか始まらないの？とすればちょっと腰が重いなあ……。そう思われる方々はきっと多いことでしょう。ベンチプレスもいきなり100キロは無理です。まずは10キロからスタートすべきです。

そこで若手の先生方！　まずは本書を読むことから始めてください。

この本では、まずマンガで「現場で起こることが予想されるシーン」をいくつか紹介しています。

まずは、この本のマンガを読んで、現状に思い当たるシーンを選んでください。次に、そのシーンにおいて、「哲学」と「上達論」に支えられた指導をどう行うべきかの文章説明をお読みください。

つまり、忙しいときには、まずは、マンガで「欲しいシーン」を選んでフォーカスしたうえで、改めて時間のあるときにくわしく説明を読み、対策を立てることが可能になるのです。

この構成は従来の文字ばかりの教育書には見られない画期的なスタイルだといえます。

文字は記号であり、読者はその記号と自分の体験を結びつけて再構成するという手間を必要とします。時間があるときに、じっくり文字ばかりの本を読むのはそれなりに大切なことです。

でも、教師は忙しいです。特に、若手の先生方には余裕はないはずです。そこで、

・朝、出勤前に歯磨きしながら片手で読める教育書
・家に戻ったら必要な箇所を読んで手軽に「自己研修」できる教育書
・気がついたら学級経営に必要な「装備」が身につく教育書

以上3点を意識してこの本を完成させました。これなら毎日仕事をしながら少しずつ教師としての「装備」を増やし、その結果、力量を高めていけます。そうすれば、きっと「もっと知りたい」と思うことが出てきます。そのくらいのモチベーションをもてるようになれば、文字ばかりの教育書の内容もすっと頭の中に入ってくるでしょう。

本書が「打開策」を求めて第一歩を踏み出そうとする先生のお役に立てれば幸いです。

土作　彰

目次

『明日からできる速効マンガ　学級づくり』シリーズ発刊に寄せて
若手教師のみなさん！　教職を楽しむための「装備」をもとう！…3
主な登場人物紹介…8

新年度のはじまり
「期待と不安」から確実な一歩を踏み出す…9

春休み～赴任　仕事をコントロールする…11
始業式・第1日目　精いっぱい思いを伝える…19
第2日目　「手抜き」授業は許されない…27
第3日目　学級システムの完成…35
第4日目以降の戦略　確固たる思いをもつ…43
「育てる」年間戦略と上達論…51

第Ⅰ期　指導初期
まずは子どもたちと信頼関係を築き学校生活のペースに乗せる…59

授　業　ハートをゲットする…61
宿　題　ていねいにやること…73

学校生活　やらせきることと時間厳守…77
当番活動　役割分担をきっちりと…85
学校行事　意欲的に動く…89

第Ⅱ期　指導中期
理想イメージを上げて指導法を変えていく…93

授　業　子どもをつなぐ…95
宿　題　1ミリメートルの努力…99
学校生活　ワンランク上へ…103
当番活動　レベルアップをはかる…107
学校行事　決まり・協力・準備…111

第Ⅲ期　指導後期
教師がフェイドアウトしていく…115

授　業　子どもが授業する…117
宿　題　自学ノートにチャレンジ…121
学校生活　どんな状況でもできる…125
当番活動　質的向上…129
学校行事　総決算・卒業式…133

1年をふり返って…137
清掃士辞令…139

主な登場人物紹介

あきら先生
４月にみどり小学校に配属された22歳の新任教師。小さい頃から学校の先生に憧れており，念願の教員免許を取得する。やる気いっぱいで情熱にあふれているが，ときに不安で立ち止まって悩んでしまうことも。学生時代はラグビー部に所属していた。

ひろみ先生
みどり小学校のベテラン教師。あきら先生とともに６年生を担任，学年主任でもある。教師１年目のあきら先生を優しく，ときに厳しく見守る。自身の教育に自信をもちつつも常に研《けん》鑽《さん》を忘れない，とても勉強熱心な先生。

新年度のはじまり

「期待と不安」から
確実な一歩を踏み出す

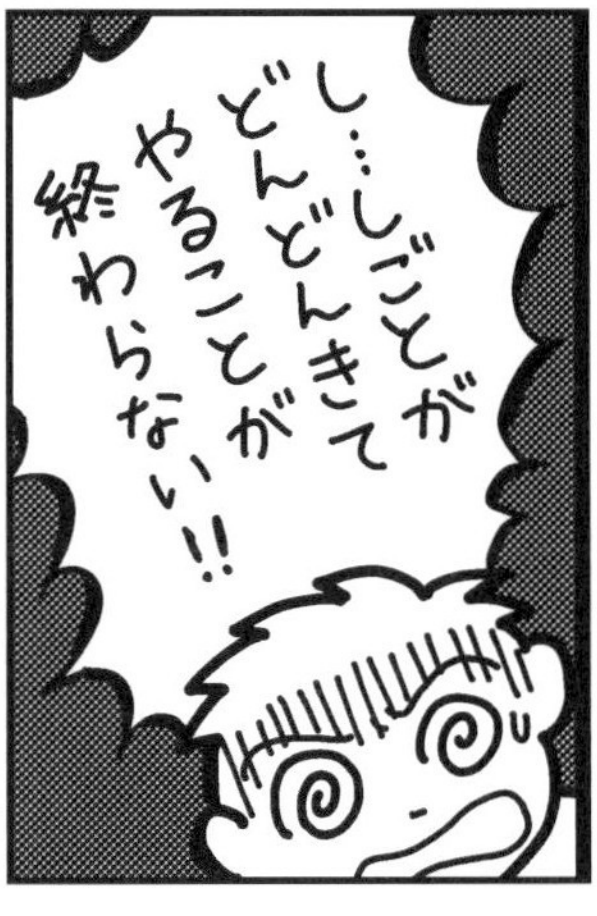
し…しごとが
どんどんきて
やることが
終わらない!!

学級編制が終わったばかりの子ども集団は目的をもって集まっているのではありません。いわゆる「烏合《うごう》の衆」です。「群れ」と表現することもあるようです。

この「烏合の衆」「群れ」を目的をもった集団に高めていくことが「学級経営」だといえるでしょう。

子どもたちを見ているとわかりますが、前のクラスで仲のよかった者同士などがべったり寄り添って固まっているはずです。不安な子どもたちにしてみれば致し方のないことです。これを「目的に向かって誰とでも協力していける」ような集団にしていくために、教師はさまざまな仕掛けをしていくことになります。

とはいえ、いきなり高いレベルまでもっていくことはよほどの力量が教師にないかぎり不可能です。年間を見通した戦略論をもって緻密に学級経営を進めていきましょう。

春休み〜赴任
仕事をコントロールする

新年度が始まる4月。子どもにとってはもちろん、教師にとっても新たなスタートです。大事な一歩をどう踏み出すか？　期待でワクワクします。

A　現実はこうだ！

ある自信

教員採用試験を突破し、いよいよ教壇に立つ。多くの「若者」は胸をときめかせてその日を待っているはずです。

また、その一方で心の中には一抹の不安も同居していることでしょう。なんせ初めて学級担任を拝命し、いきなり学級経営を行うのですから。

しかし、多くの「若者」たちは、その不安を払《ふっ》拭《しょく》しようと、ある事実に自信の根拠を見いだそうとします。

それは教師教育です。

教員養成系の大学にせよ、通信教育にせよ、教師教育において所定の学業を修め、実習も済ませて免許を取得したのです。

教育原理、教育心理学、教科教育法、教育実習……。教職専門、教科専門などのまさに「教育のプロ」として必要な知識や技能をきっちり習得した！　おそれることは何もない！　そう思うのは無理もないことでしょう。

しかし、多くの場合、その自信はあっという間に粉砕されることになります。

辞令交付

都道府県によって多少のちがいはありますが、多くの場合、春休みの3月の後半に採用試験合格者は教育センターなどの施設に集められます。そこで記念すべき最初の赴任校が決定します。

その後、あまり日をあけずして、赴任校を管轄する教育委員会に学校長と出向きあいさつをします。これも多くの場合、その足で赴任校へ行き、第1回目の職員会議となります。

いよいよ赴任

まずは校長室などに通され、新しく赴任してきた転勤者とともに職員室へ案内されます。そこで初めて先輩たちに赴任のあいさつをするのです。

実はこの時点で担当する学年・学級は決定しているのですが、いったん新しい事務机に案内されることが多いようです。落ち着く暇もなく第1回職員会議が始まります。最初に担任発表です。多くの場合、新任には中学年を持たせることが多いようですが、最近はいきなり新任に6年生を持たせる場合も少なくありません。

怒《ど》濤《とう》の業務

さあ、ここから「怒濤の業務」が始まります。ざっと主な内容を列挙してみましょう。

・校務分掌の決定
・各部会の会議
・帳簿の整理（指導要録、保健調査票、個人調査票などの文書をクラス別に整理）

図書委員会とパソコンクラブも担当してください
えっ
えっ
それと、始業式までにこれらの資料に目を通して確認・記入をお願いしますね
わわっ!
ドサッ!!
会議終了後……
う〜すごい量……でもがんばって終わらせるぞ!
あきら先生
は
はいっ!
教科書届いたから運ぶの手伝って!
わ〜っすごい量!!
どさ〜〜っ
ひ〜!!
何往復も〜…
は〜怒濤の1日が終わった……
疲れた〜
ふふ…

・学年教材の決定
・教室環境の整備
・新学期の準備
・教科書の運搬
・新学期配付書類の確認
・学年会で1学期の指導計画の確認
・入学式の準備

大学では教えてくれない忙しさ!

どうですか? これらを始業式までのわずか数日で行うのです。自分の学級をどうしたいとか、授業はどうしようとか、そんなことを考えている暇などないのです。なんせまだ担任する子どもたちとも出会ってさえいないのですから。自分の学級のイメージなんてできるはずもありません。1日が終わると心身ともに疲れてへとへとになることでしょう。

こんな忙しさを大学時代にイメージできましたか? 教えてくれましたか?

赴任からわずか数日ですが、この時点で教職への期待は徐々に、でも確実に不安に移行していきます。

見通しがつかないことほど人の心を疲労させるものはありません。これは新卒の教師なら誰もが通る道、しかもほんの「序の口」の段階なのです。

B　こう対応しよう!

いきなり不安をあおるようなことを紹介しましたが事実なので仕方ありません。新任だろうがベテランだろうが担任する教壇に立つかぎり「教育のプロ」なのです。担任に対する子どもや保護者の期待と不安もまたどれほど大きいことか推測してみてください。泣き言は言っていられません。

　ではこの時期、どんなことをしておけばいいのでしょうか?

子どもたちの名前を覚える

担任決定と同時に学級名簿をもらっているはずです。顔と名前の一致まではなかなか難しいかもしれませんが、どんな名前の子がいるかはしっかり把握しておきます。席は出席番号順に決めるでしょうから、3日以内に子どもたちの名前と顔を一致させることができるようにします。

　有効なのは何かにつけて子どもたちの名前を呼ぶことです。名札や名簿を見ながら「○○くん、ちょっとそれ取ってくれる?」「△△さん、お姉さん何年生?」などという具合に、たわいないことでいいのです。

　また、テストなどをさせることがあったら、没頭している子どもたちの顔をじっと観察しながら、名前を覚えていきます。「この子が○○くん、この子が△△さん」という具合に。しばらくは名簿は肌身離さず持っていることになるでしょう。

要配慮児童の情報を把握しておく

前担任から必要な情報を得ておくのは当然です。その結果、先入観にとらわれすぎるのも考えものですが、あくまで客観的情報として記録しておきます。必要なら保護者とも春休み中に会っておくことも考えられます。

配慮を要する子の存在は1年間の学級経営を大きく左右します。その子と信頼関係を築き、周囲の子どもたちの理解を得られればその1年間は実に楽しいものになります。

逆にその子との関係を崩してしまうと、その子を中心として騒乱状態が始まり、最後には崩壊してしまう危険性が大いにあります。

大切なことは次の2点です。

①その子の障害の特性を理解し、授業にストレスなく参加できる状態を作り出すこと
②保護者との信頼関係を構築すること

子どものストレスはその保護者にもストレスになるのです。逆に子どもとの信頼関係構築は保護者との信頼関係構築にもつながります。

危険なのは、教師が健常児に行うのを「正当な指導法」と思い込んでいることです。特に発達障害のある子どもに「正当な指導法」を「正義」をもって強制すると、強い反発を食らうことになります。そうなると関係修復は難しくなります。あらかじめその子に対するやってはならない指導法＝禁じ手を理解しておく必要があります。

出会いから3日間の指導時間を把握しておく

出会いからの3日間はかなり忙しいです。学級指導をする時間はかなり限られてきます。有効な指導を行うためにも、「何時頃から何分間指導可能か？」把握しておきます。

6年生の場合、入学式の準備や練習が優先され、なかなか学級での時間が取れません。1日に20分程度などということさえあります。しかし、その間隙《かんげき》をついた時間は、まぎれもなく子どもたちに自分の思いを伝える大切な指導時間です。前もって指導する内容を決めておき、乾坤一擲《けんこんいってき》、子どもたちに伝えられる準備をしておきましょう。

担任する学年の指導内容を把握しておく

1学期分だけでも学習指導要領を読み、扱う単元と内容をざっと把握しておくことです。

各校には年間指導計画があるはずです。また、指導用の教科書＝赤本と呼ばれる指導書があります。それらをざっと見渡しておきましょう。これは、後日、教育書を購入する際に重要な情報となります。

教育情報をゲットする

次に、その学年で使える授業プランを入手しておきます。これは教育書や教育雑誌などを購入するのがいちばん手っ取り早いです。大きな書店の教育書コーナーでは「春のフェア」を開催していることが多いです。その中から自分が「おっ！使えるな」と感じたものを片っ端から買い求めることです。10冊でもせいぜい2万円程度です。教

育のプロが書いたノウハウをこの値段で入手できるのです。安いものです。

安易な追実践は危険ですが、最低限の教育情報をもっておくことは教育のプロとして当然です。1年に数十冊程度でよい。10年で数百冊にもなります。それは教師にとって大切な力量形成の一つともいえるでしょう。

1日の流れをシミュレートする

担任発表後、すぐに「戦い」はスタートします。子どもたちの学校生活を具体的にシミュレートしてみます。登校して靴を履き替え教室に入る。提出物を出して、遊びに行く……。このように極めて詳細な子どもたちの行動を書き出してみるのです。

そうして「この場面では子どもたちにどのような言動をとらせるのか？」考えてみるのです。これがないと行き当たりばったりの指導になります。

具体的には次の項目は最低限明らかにしておくとよいでしょう。

・朝、登校して靴や鞄はどこに入れるのか？
・提出物はいつ、どこに出すのか？
・忘れ物はいつ、言いに来るのか？
・朝休みはどこで、どう過ごすのか？
・始業のチャイムとともにどうするのか？
・朝の会はどのように進めるのか？
・授業準備はどのようにしておくのか？
・授業はどのように開始し、終了するのか？

・次の時間の準備はどうするのか？
・休み時間はどう過ごすのか？
・給食準備はどうするのか？
・給食を食べ終えたら、どうして待つのか？
・昼休みはどう過ごすのか？
・掃除時間はどこを、誰が、どう掃除するのか？
・帰りの準備はどうするのか？
・帰りの会はどうするのか？
・帰ったあと、教室はどうなっているのか？

これらのなかのいくつかは学年で統一されるものもあるはずです。学年主任に事前に確認しておきましょう。

これらの「イメージ」なしに新学期を迎えるのは「無謀」としかいいようがありません。

わからないことは先輩教師にガンガン聞く

新卒から3年目までの給料は「あなたへの投資」だと受け止めてください。失敗をすることなんて当たり前なんです。

大切なことはひとりで抱え込まないことです。わからないことはそばにいる先輩教師にガンガン聞きまくる厚かましさ、貪欲さをもってください。

始業式・第1日目
精いっぱい思いを伝える

始業式での担任の発表。子どもたちとの衝撃的な出会いです。1年間、どんな先生といっしょに過ごすのか、ドキドキしながら子どもたちは待っています。

A　現実はこうだ！

始業式

いよいよ子どもたちとの出会いです。まずは始業式です。着任してきた先生方に交じってまずは全校の児童に着任のあいさつです。これが教師になって初めて子どもたちに伝えるシーンとなります。

よくあるのが次のようなあいさつです。

「私は今年から教師になりました。わからないことだらけです。みなさん、いろいろ教えてくださいね」。このようなあいさつをしてはいけません。何のインパクトもない。いかにも「自分は何も考えてきませんでした」という内容だからです。また、教師が子どもに「教える」のが学校です。「子どもたちから学ぶ。教えられる」という考えがあります。しかし、それは教職を重ねて失敗や成功をくり返したうえで初めて実感できる「境地」であり、少なくとも何の教職経験もない者が軽はずみに口にする類《たぐい》のフレーズではありません。自重すべきです。

新卒なら新卒なりに精いっぱい子どもたちを惹《ひ》きつけ、しかも自分の「特徴」を端的にわかってもらう自己紹介を考え抜いてくるのです。その労

力をはじめっから惜しんでいるようでは、今後が思いやられます。はじめから手抜きをしてよし！などと平気で思っているのなら、この職業を辞められた方がいいです。

　では、どのようにするのかは後述しますが、まずは自分で考えてみることです。自ら思考する姿勢をまずはもつことです。

担任発表

　次に学校長から担任の発表があります。呼ばれたら担任するクラスの子どもたちの前に立つことが多いです。また、すぐには子どもたちの前に行かないパターンもあります。いずれにせよ、これが初顔合わせとなります。

　ここから校歌を斉唱したり、学校長の話を聞いたりして始業式は進行されていきます。その後、いよいよ担任による指導の本格的な開始となります。

すぐに指導開始

　6年生の場合、教室に入った後、ロッカーや靴箱などを決め、必要な書類や文書を配付後、すぐに入学式の準備などに入ることが多いようです（学校によっては入学式➡始業式という流れのところもあります）。いずれにせよ、最高学年として何かと学校行事の仕事を手伝うことが多くなります。

　すぐに入学式の準備に入る場合、教室で指導できる時間はわずか30分程度であることも少なくありません。その間に先述した多くのこと（17・18

そんな「ボク何も考えてません」みたいなあいさつダメだよ！
最初のあいさつで第一印象が決まるんだから！
そんなあいさつしてごらんよ！
子どもたちが最初に先生にもつ印象は「何も知らない人」になっちゃうよ！
先生なのに教わるの？
何にも知らなそう……
頼れなさそう～

ページ）を終えなければならないのです。

あらかじめここまでの時間の流れをシミュレートしておかねばとうてい仕事はこなせません。大混乱に陥ること必至です。「出会いから3日間の指導時間を把握しておく」（16ページ）にも書きましたが、貴重な指導時間を把握し、滞りなく1日目の業務を終えられるようにしておく必要があります。とにかくおおわらわ、てんやわんやの大騒ぎのうちに時間は過ぎていくでしょう。

本格的な指導開始

怒濤《どとう》の初日が終わり、いよいよ本格的な指導の開始となります。教育界には「黄金の3日間」という言葉があります。これは担任して最初の3日間でその1年間の学級経営は決まるという意味です。

果たしてそれは本当なのか？　3日間で1年間の学級経営が決まるとはいかなることなのか？　少々検討の余地はありますが、いずれにせよ、最初の3日間～1週間で学級経営の基盤を築かねばならないことは事実といっていいでしょう。

学級のシステムづくり

まずは学級のシステムをつくっていくことになります。このシステムとは何か？　ひと言で言うと次のような状態をつくり出すことです。

1週間担任が休んでも子どもたちだけで滞りなく学校生活を送ることのできる状態。

最初のあいさつは自分のイメージを相手にしっかり印象づけるものだし
「この先生となら1年楽しくやっていけそう！」って『ワクワク感』を子どもたちにもってもらうための大切なファーストステップなんだよ
あきら先生なりの「インパクト」をちゃんと考えるんだよ！
は……はい……！
ボクなりの「インパクト」か～
う～ん意外とむずかしいな～
……あ！

これは千葉県の小学校教師戸田正敏氏の実践から学ばせていただいたシステム論です。実にすっきりした文言で、学級経営の具体像がイメージしやすくなるはずです。

この観点で学級のシステムを考えていきましょう。

学校や学年でそろえることを強調される主任の先生もおられるので、方法論についてはまず学年での「足並み」に従うことになるでしょう。

学年会ではおおむね次のようなことを決めることになるでしょう。

・朝の会のやり方
・日直の仕事、順番
・給食当番
・掃除当番

おそらくざっくりとこのくらいの内容になるでしょう。しかし、これではあまりに大雑把すぎて、実際には指導に「漏れ落ち」が生じるはずです。

主任をはじめ、ほかの先輩方にも自分の学級経営がありますから、新卒のことばかりに構ってばかりはおられません。だいたいの「足並み」の必要性を確認したら、自分なりに1日を「流していける」システムの完成を急ぐ必要性があります。

明けて
始業式
ザワ
ザワ
わーっ
子どもが
いっぱいいる……
この子たちの前で
あいさつを……
ドキ
ドキ
コソコソ…
あいさつ
ちゃんと
直せた？
はい
なんとか……！
次に新しく着任された
先生のあいさつです

B　こう対応しよう！

成長論を意識する

「黄金の3日間」という考えが存在することを先に述べました。また、そこで「検討の余地がある」とも書きました。では、その「検討の余地」とはいったい何でしょうか？

それは「最初の3日間だけやっていれば大丈夫」という盲信をしてはならないということです。もっといえば学級経営は1年間の戦略的視点をもって行わなければならないということです。先の「考え」はその意味で危険性をはらんでいるのです。

教師は1年間かけて子どもたちを伸ばしていくのです。ですから、最初の3日間だけに力を入れていればよいという考えは、自ずから残りの200日はいい加減でもかまわないという考えになってしまう可能性があります。実はいわゆる「学級崩壊」はこのような考えに起因することが多いのです。

次ページのグラフを見てください。これが1年間かけて子どもたちを伸ばしていくというイメージ図です。

4月当初は、全学習活動量のうち、ほとんどを教師の活動が占めます。矢印のように子どもたちが成長するほど、逆に子どもの活動量が増えていくことになります。この成長論を踏まえるべきです。

図　年間で「育てる」イメージ

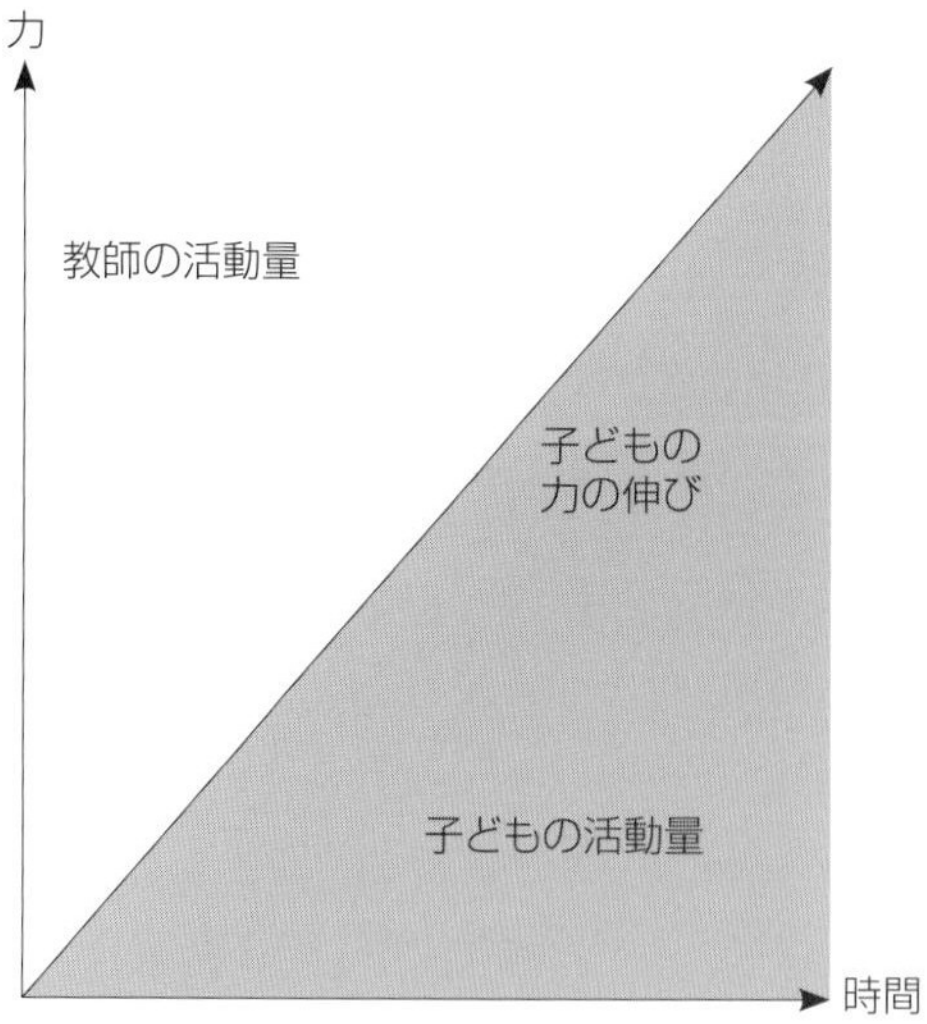

始業式でのあいさつ

ここで大切なことは「ワクワク感を子どもたちに与える」ということです。

簡単で有効なのはクイズです。

私はラグビーをやっていましたので、ラグビーボールを持って登壇しました。そうして次のようにいうのです。

「みなさん、これは何のボールか知っていますか？　そう、ラグビーボールですよね。さて、ラグビーボールはなぜこんな形をしているのでしょうか？　次の３つから答えを選んでください。

①サッカーボールを蹴っているうちに、こんな形になってしまった。
②アーモンドの形に似せた。
③もともと豚の膀胱《ぼうこう》をボールにした。

次の3つから
答えを選んでください
①サッカーボールを蹴っている
うちにこんな形になってしまった
②アーモンドの形に似せた
③もともと豚の膀胱をボールにした
どれだか
わかりますか？
①だと思う人？
②だと思う人？
③だと思う人？
答えは……
このあと私と出会ったら
答えを言ってみてください
教えてあげます
ということで
えー
ん〜
わかった？
2かなー
3じゃない？
ラグビーの好きな
あきらと言います
これからよろしくお願いします
パチパチパチ
パチパチパチ
パチパチパチ
なかなか
よかったじゃん！

どれだかわかりますか？

①だと思う人？
②だと思う人？
③だと思う人？

答えは……。この後、私と出会ったら答えを言ってみてください。教えてあげます。ということで、ラグビーの好きな土作彰といいます。これからよろしくね」

この自己紹介には次の工夫がなされています（ちなみにこのクイズの答えは③です）。

①インパクトがある。
②自分の特技を生かしている。
③あいさつの後に子どもたちとのコミュニケーションを図る仕掛けを入れてある。

これだけでも子どもたちの食いつきはちがってきます。

教室への移動で仕掛ける！

私は始業式が終わってから教室に入る際に次のように子どもたちに投げかけます。

「荷物を運んでくれる人いますか？」

多くの場合、やんちゃ坊主たちが手伝ってくれます。その子たちの顔と名前をできるだけ覚えておきます。その後、教室に入り、明日の連絡を終えたときに、次のように言います。

「先ほどとても立派な人がいたのですが、みな

さん気づきましたか?」

鋭い子なら「○○くんたちが荷物を運んでいた」と答えてくれるでしょう。出なければこちらで「荷物運びを手伝ってくれた人は立ってください」と言えばいいでしょう。そうして、「この忙しいときにクラスのみんなのためにさっと動いてくれましたね。すばらしい子がたくさんいるこのクラスで1年間ともに生活していくのがとっても楽しみです。さあ、このお友だちに拍手してください！」とたたえます。

次に配付物の指導です。「今からたくさんプリントを配ります。渡すときは『どうぞ』、もらうときは『ありがとう』と言いましょう。『どうぞ』は思いやり、『ありがとう』は感謝の言葉だからです」。こうして物の受け渡しの際のマナーを最初にきっちり教えます（この「どうぞ」「ありがとう」は有田和正氏の実践です）。

第1日目はこの程度の指導にとどめておきます。翌日からもそれができている子がいたら、しっかりほめてあげます。できていなければ「いったんプリントを回収してください」と言って集め直し、「なぜ、もう一度集めたかわかるかな?」と投げかけます。

このことで初日から次のことを子どもたちにしっかり印象づけるのです。

・ほかの人のために動くことはすばらしいこと
・「思いやり」「感謝」の心を大切にしてほしいこと

第2日目 「手抜き」授業は許されない

最高学年として新入生を迎えたり、準備に追われたりと、なんだか落ち着かないのは子どもも先生も同じ。あわただしいなかのわずかな時間で子どもたちに伝えたいことがあります。

A 現実はこうだ！

入学式

学校にもよりますが、この頃に入学式などもあり、かなりドタバタしています。多くの場合6年生は学校の代表学年としていろいろな準備に携わることになるでしょう。また、本番に備えて歓迎の言葉や歌の練習もしなければなりません。

ともすれば一つの行事の「消化」に終始しがちですが、このときの子どもたちの動きには十分気を配る必要があります。特に前日に「ほかの人のために動くことはすばらしいこと」「『思いやり』『感謝』の心を大切にしてほしいこと」を指導していますから、これらのことを子どもたちが具体的に行動できるような場をセッティングしていく必要があります。

そうでなければ教師の願いも単なる美辞麗句、スローガンに終始してしまいます。

授業開き

入学式も終わるといよいよ授業開きです。国語、算数、理科、社会、体育、道徳、図工、外国語……。1日に5～6時間の授業が続きます。さ

ふ〜1日目は
なんとかなった……
けど問題は
あしたの
入学式だよなぁ〜
6年生は
1年生の
誘導係だし
歌も
歓迎の言葉も……
うーん
考えることが
いっぱい
だぜ……
どう
あきら先生
1日目は
うまくいった？
はい
なんとか……
子どもたちも
まあまあみんな
いい子そう
でしたし……

て、最初にどのような授業をするのか？　何を意識すべきなのか？　を考えて授業を構想し、準備しなければなりません。

　ところがやはりなんといっても超多忙な時期ですから、ついつい授業のことは後回しになります。そうして大切な大切な最初の授業で子どもたちに「つまらないなあ」という思いをさせてしまうことになります。実はこれは教師と子どもとの信頼関係を損ないかねない大きな「失態」なのです。

　大人もそうですが、第一印象というのはとっても大切です。恋愛もそうですね（笑）。最初に悪印象を与えるとそのまま1年間引きずることになります。

的確な比喩
〜恋愛論〜

　変ではあるけど、的確なたとえを紹介します。これは盟友中村健一氏の比喩です。恋愛と学級経営は共通点があるという中村氏の持論です。

　恋愛なら、悪印象が先に立てば別れたら済む話です。いろいろ心労はあるでしょうが、距離を保つことでお互いに気持ちの整理をつけることができます。ほとぼりが冷めたら新しい恋愛をスタートすればよい（笑）。

　学級で、子どもたちに嫌われるというのは恋愛で相手に振られるということなのです。しかも別れることができない！　1年間毎日「嫌いな元カレ、元カノ」と顔を突き合わさなければならない！

　これはもう悲劇です。

まあまあ?
今日
ちゃんと
あいさつして
くれない子とか
いたなーって……
早めに授業で
仲よくなって
いかないと……
そのとおり
あきら先生!
最初がかんじん
だよ!
クラスづくりは
恋愛といっしょ
なんだから!!
レ
レンアイ!?

いわゆる学級崩壊というのはこのように「恋愛関係」が破綻した状態ともいえます。だから教師は「恋愛初期」に愛する子どもたちにたくさんの「愛情表現」をしなければなりません。それが授業なのです。しかも「おもしろく」「わかりやすい」「できるようになる」授業をガンガン行うのです。

特に授業開きからしばらくの間は授業中に「この先生の授業は知的で楽しいなあ。タメになるなあ!」と思わせることが大切です。そのために教師は多大な「投資」をしなければなりません。

授業の羅列に終始する

学校に赴任してわずか数週間。それでも授業時間はスタートします。6年生なら1週間に28時間前後の授業を行うことになります。ベテランでもそうなのですが、こうなると日々くり返される授業に追われることになります。ひどい場合は教材研究の時間もない、ということもあります。

どれだけ周到に準備していても、逆に準備が不十分でも授業時間はやってきます。多忙さに追われて、ついつい「手抜き」授業になってしまいがちです。こうなると、ただ授業時間の数だけ「手抜き授業」がくり返されることになります。

やがてゴールデンウイークを待たずして子どもたちから不満の反応が起こるようになります。先述の恋愛論でいえば、恋愛の相手が「あなたなんてきらい!」というオーラを発しはじめているのです。これはもはや緊急事態なのですね。

後ほど、6年生の子どもたちを惹《ひ》きつける授業

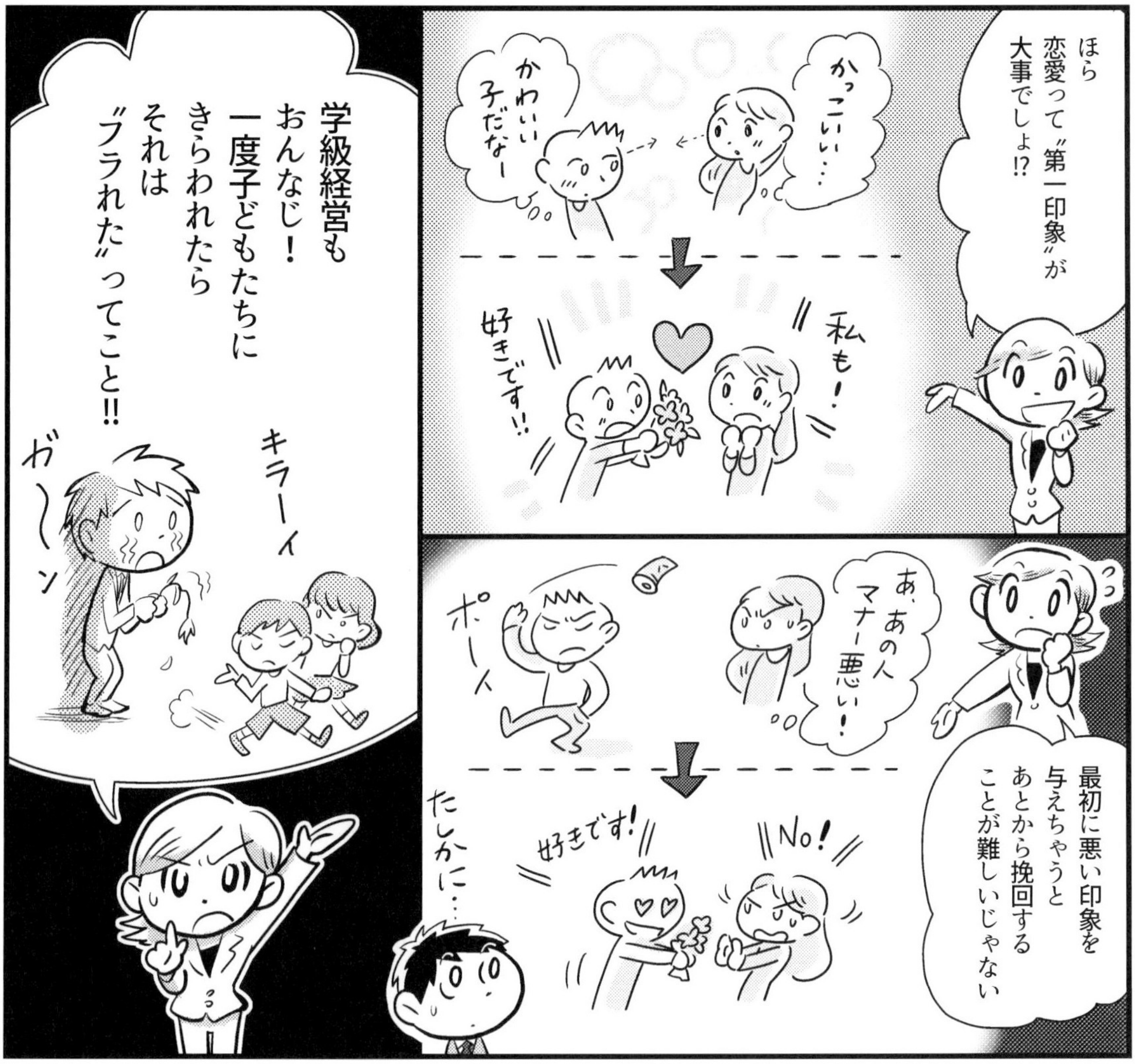

を教科、領域別に紹介していきますが、それらをただ単に実践するだけでは弱いのです。では、ほかに何が必要か？

それは教師が目の前の子どもたちをこう育てたい！と思う思想＝「哲学」です。

授業というのはある学習内容を子どもたちに理解させ、定着させるための営みです。しかし、授業ではそれ以外にも、人間関係や人間として大切な生き方なども同時に教えていく必要があります。これが欠落すると、単なる授業ごっこに終始し、1年たっても子どもたちは人間的に成長しておらず、問題が噴出するような荒れた学級になって終わりです。

「哲学」……。私の場合、子どもたちには次の2つの力を身につけてほしいと考えています。

・自らをコントロールできる力
・他を思いやる力

この「哲学」についての詳細や、具体的に何をすべきかについては後述します。

B　こう対応しよう！

「哲学」ある学習態度を！

2日目以降になれば何かと子どもたちに発問を出し、答えさせるシーンが出てくるでしょう。たとえば「入学式で身につける力にはどんなものがありますか？」などです。

このとき、自らの哲学に立ち戻り、子どもたちがどのような姿になればよいのかをイメージして指導にあたることが大切です。たとえば先述したとおり、私は「自らをコントロールでき、他を思いやる子ども」を育てたいと考えています。ですから、次のような子どもを育てたいとイメージします。

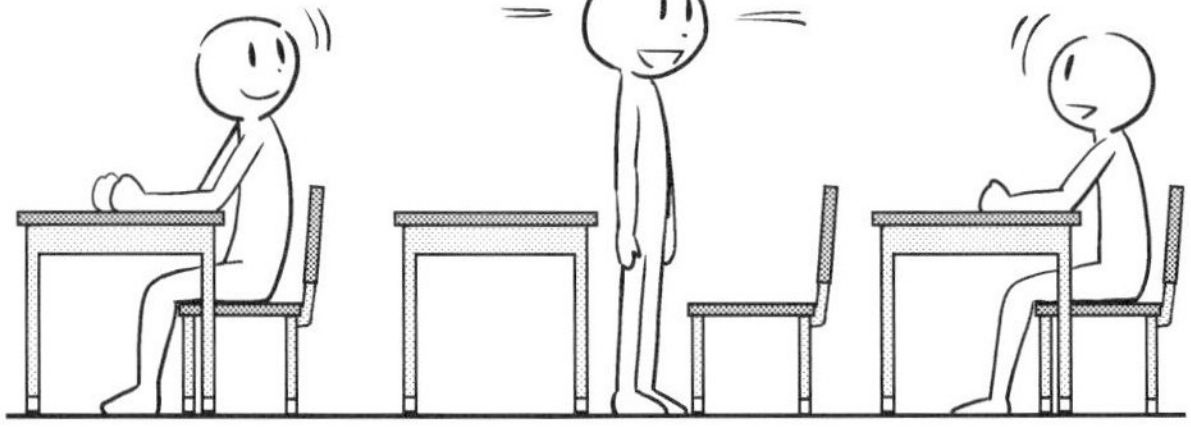

哲学かぁ……
帰りの会
これから帰りの会をはじめます
明日は10時から入学式があります
時間になったら1年生を迎えに行って誘導してあげましょう
さてここで今日の宿題です
この封筒の中に入った紙に書いてある数字をあててきてください！

・話し手は聴く人の方を見て、わかりやすく話している。
・聴き手は話す人の方を見て、「しっかりあなたの話を聞いているよ」というメッセージを送っている。

すると、たとえば次のような指導を入れることになります。

話し手に対し

話す子からいちばん離れている子のそばに教師は立ち、「いちばん遠くに離れている○○くんが一発で聞き取れるような声でわかりやすく話してごらん」

聴き手に対し

「聴く」とは3つの「く」をすることです。それらは次の3つです。

「向く」⬇話す子の方にしっかり身体を向ける。
「うなずく」⬇話す内容に対し、うなずくなどの反応をする。
「書く」⬇必要に応じてメモを取る。

「ともに学ぶ意義」を考えさせる宿題を出す

帰り際に連絡帳を書くとき、子どもたちに次のように言います。

「早速ですが今日は宿題を出します」

子どもたちは「ええっ?」という反応を示すでしょう。でも、かまわず次のように言います。

「大丈夫です。とっても簡単な宿題です」と

言って懐から封筒を取り出します。

そして「この中に数字を書いた紙が入っています。その数字がいくつなのかを当ててきてほしいのです。簡単ですよね～。何か質問はありませんか?」(たとえば「135」という数字にしておきましょう)

おそらく「何桁ですか?」などの質問が出るでしょう(出なければ「何か質問があるよねえ」などと自分で振って自分で答えればよい)。

そこで「数字っていくつあるんだっけ? そう、無限だよね。だから桁数はわかりません」と答えます。

「ええっ! 無理だよ!」と子どもたちは言うでしょう。

「まあ、がんばってきてね。24時間あればわかるって!」と返しても子どもたちは釈然としない様子です。

そこで次のように聞きます。

「この宿題は不可能に近いと思う人?」

おそらく全員の手が挙がるでしょう。そこで教師は次のように言います。

「でもねえ。その不可能があっという間に可能になるんです。はい、○○くん! いくつだと思う?」と言って近くの子を当てます。できれば最前列の子がいいです。

するとその子は「24」などと答えるでしょう。即座に「違います。もっと上!」と言って、次の子を指名します。「100」と言ったら「惜しいなあ。もう少し上!」とヒントを出しながら次々当てていきます。

650……

もっと下
124～？

おしい！あとちょっとだけ上だ！

182！

おっ近くなってきたぞ！

130……

もう一声！

135……？

135
やった！あたりー!!

さっき絶対わかんないよ！って思ったことがみんなで考えて答えることで可能になりましたね！

わかったね！

なーんだ…

オレ、おしかった〜

学校でみんなで学び合うことの意義はここにあります！

1年間 友だちと助け合ってみんなで賢くなっていきましょう
そしてあしたは最上級生として入学式がんばりましょう！
・答えを発表
友だちの答
聞いた
アドバイス
を聞いた
考えた
おそれず

すると1分足らずで「正解」の135という答えが出されるはずです。子どもたちからは自然と拍手が起きるでしょう。

さて大切なのはここからです。次のように問いかけます。

「先ほど、これは不可能だ！と思えたことがわずか数分で可能になりましたね。なぜですか？」

子どもたちからはいろいろな意見が出されるでしょう。大切な答えは次の5点です。板書します。

①答えを発表した。
②友だちの答えを聞いた。
③先生のアドバイスを聞いた。
④考えた。
⑤まちがいをおそれず発表した。

「そうです。家で自分ひとりでいくら考えても答えには行き着きませんが、みんなで考えて先生の話を聞いて失敗をおそれず発表すれば不可能でも可能にすることができるのですね。それが学校で友だちみんなで学び合う意義なのです。自分のことを賢くしてくれる友だちを大切にしましょうね」と締めくくります。

これを翌日からの授業のあらゆる場面で貫徹していくのです。

第3日目 学級システムの完成

いよいよ子どもたちとじっくり向き合える時間ができてきます。子どもたちは、新しい先生がどんな人か興味津々。指導の一つひとつに思いを込めます。

A 現実はこうだ！

いよいよ授業開始

このころから学級で「使える」時間が増えてきます。早ければ時間割も決まり、いよいよ本格的な授業がスタートします。

「授業開き」という言葉があります。1年間最初の授業を行うという意味ですが、この時間はとても重要です。なぜなら子どもたちの授業に対する期待に沿えるか否かがかかっているからです。ここで成功するとその後の学級経営がスムーズに運びますが、失敗すると修復に労力を要することになります。その意味でも各教科、領域の最初の授業にはかなりの「投資」をして臨む必要があります。

学級のシステム稼働!?

懸案事項は授業だけではありません。学級のシステムがうまく稼働しはじめるかどうかも1年間の学級経営を行ううえで非常に重要な意味をもちます。ですから学級のシステムを決定し、子どもたちもそれを理解して1日の生活を送れるようにする必要があります。

いいね
いいねー！
担任がいなくても教室が回るシステムをつくることは大切!!
えっ担任がいなくても？
ボクは簡単に休んだりなんかしませんよ！
クルクル
たとえばの話ね ゆくゆく子どもたちが先生なしでも自主的に動けるように
ブレない「哲学」をもって子どもたちに接していきたいよね！
哲学

学級のシステムとは、21ページで述べました「学級のシステムづくり」のことです。

重要なので再度書きます。システムとは、次の状態をつくり出すことです。

1週間担任が休んでも子どもたちだけで滞りなく学校生活を送ることのできる状態

この時期なら取り急ぎ、次のことを決める必要があります。

・朝の会のやり方
・日直の仕事、順番
・給食当番
・掃除当番

これらはいわば急務の課題です。3日目には決定してしまわないとその日の掃除当番や給食当番の仕事もうまく回りませんからね。

子どもたちに担任の思いを伝える

いろいろ決めなければならないことも多いのですが、それでも3日目にもなると、ようやく担任する子どもたちと少しまとまった話ができる時間が確保できます。

ここで子どもたちに何を伝えるかは重要です。1年間の方向性を子どもたちに伝えることになるのですから。

どのような内容を伝えるかは教師それぞれですが、大切なことは次の2点です。

哲学
あっ「哲学」って昨日もひろみ先生言ってましたよねー
ウン
言い換えると「子どもたちをこう育てたい！」って思いのことだね
それなら昨日ボクも考えたんですよ！ボクは子どもたちに「他人を思いやれる人」になってほしいんです！
そう それなら……
キミはこれから全身であらゆる場面で子どもたちに「他人を思いやろう」という哲学を伝えていくんだっ!!
ビシィッ
えっ？どういうことですか？
全身って
スチャ…
あきら先生……

・ブレない「哲学」を伝えること
・「哲学」を貫徹する状況をセットすること

美辞麗句に終始する危険性

全国の教師はそれなりに自分の思いや願いを子どもたちに伝えることでしょう。しかし多くの場合、それらは単なる美辞麗句に終始してしまうことが多いようです。

たとえば「友だちを大切にしよう」と子どもたちに語ったとします。この命題に対して「ちがうよ！　まちがっているよ！」などという子はまずいません。しかし、子どもたちはその後の教師の指導をよく観察しています。もっと言うと、子どもたちは教師が「うそをついていないか、じーっと観察し続けている」ということでもあります。ですから担任は「これが友だちを大切にするということなんだよ」ということをあらゆる局面で子どもたちに伝えていく必要があるのです。「状況をセットする」とはそのような意味なのです。

たとえば友だちの発言の聞き方

一例を挙げます。授業中にある子が発言したとします。他の圧倒的多数の子はそのひとりの子の発言を聞くことになります。そのときに教師が「みなさんはどのようにして○○くんの話を聞くべきですか？」などと問いかけるのです。子どもたちは問われることで「話の望ましい聞き方」について考えるわけです。教師はこのような状況を意図的に「セット」するのです。そうして最後に「友だちの発言を聞くときにはその子の方をしっかり向くよ

“ヒドゥンカリキュラム”って
言葉……
聞いたことある？
チュン
チュン…
オハヨー
オハヨー
昨日はこわい
話を聞いた……
ヒドゥンカリキュラム……
（隠されたカリキュラム）
先生が
直接指導
しなくても
子どもたちは
とてもよく
先生を見ている！

ね？　それが友だちを大切にしているということなんだよ」とおさえるのです。子どもたちは「そうか。これが先生の言う『友だちを大切にする』ということなのか」と体感しつつ学ぶわけです。

ヒドゥンカリキュラムの恐ろしさ

ところが逆に教師が何も指導しなかったとします。ある友だちが発言しているのに、その子の方を向かずにいる子の存在を看過するとします。子どもたちはこの時点で「友だちを大切にする話の聞き方」を学ぶチャンスを逸するわけです。もっと言えば「授業中友だちが発言したってその子の方なんて向く必要はない」ということを教えてしまうということなのです。

　このような友だちを「ないがしろ」にする態度をくり返していけば、子どもたちはどんどん友だちのことを粗末に扱っていくことになるでしょう。

　すべての原因と責任は、教師が「友だちを大切にしよう」と子どもたちに訴えておきながら、その具体的行為像を子どもたちに示し得なかったことにあります。

　これは「ヒドゥンカリキュラム」と呼ばれるものです。この場合、「教えてはならない」ことを教師が無自覚のうちに教えてしまっているということです。実はいわゆる「学級崩壊」というのはこのヒドゥンカリキュラムが蓄積されたことが原因であることが多いのです。

　そのために教師はまず確固たる「哲学」をもち、それを具現化するイメージと指導法を考え、実行し続けていかねばならないのです。

子どもたちが人の話を聞いていないとき先生はどう対応するか……
騒がしい子を注意するのか黙って放置するのか……
授業に消極的な子をどう扱うか
はたまた先生自身がルーズだったり指針がブレていたりしないか
担任の姿勢がクラスの雰囲気を決定づける！
先生はあらゆるシーンで「哲学」を姿勢で示す必要があるのよ！
……かあ……

B　こう対応しよう！

授業開きへの準備をぬかりなく！

自分が教える教科・領域で「これはすべらない！」という授業プランを用意しておきましょう。そのようなネタを紹介した書籍は、大手書店の教育書コーナーへ行けば棚にあふれかえっています。自分の担当する学年の授業プランをもう手当たり次第に入手し、「これはやってみたいなあ！」と思ったものをピックアップしておくのです。できれば春休み中に。具体例は後述しますが、これはあくまで土作の「好み」です。実は大切なのは自分がやっていて楽しい！と思える授業を続けて行うことなのです。

いかなる人間も「快楽を求め、苦痛を避ける」という原則で生きています。ここで重要なのは何を「快楽」と捉え、何を「苦痛」と捉えるかということです。教師のみならず、多くの職業において、自分のやっている仕事が「苦痛」だとしたらそれはもはや悲劇です。ではどうするのか？　簡単ですね。仕事を「快楽」にすればいいのです。

教師が自分の仕事を「快楽」にするために最も大切で最も手っ取り早い方法は日々の授業を充実させることです。

学級のシステムを完成させる

子どもたちが一日の学校生活を滞りなく送ることができるようにするためにも3日目には学級のシステムを完成させる必要があります。

では、たとえば36ページで述べた「急務の課題」

はどのようにすればよいのでしょうか？　一例を示します。

朝の会のやり方

日直が司会として、1時間目の前に行うことが多いです。朝のあいさつ、朝の歌、スピーチ、係からの連絡、先生の話などメニューはさまざまですが、大切なことはそれらのことは朝の忙しい時間を割いて行うのに値するかどうかを考えることです。

日直の仕事、順番

出席番号順で男女1名ずつが日替わりで交代というのが一般的です。仕事は換気、電気の点け消し、植物への水やり、動物へのえさやり、号令、戸締まりなどです。

給食当番

生活班などを編成し、これも1週間交代くらいが一般的です。おかず担当、ご飯・パン担当、牛乳担当などを班の中で分担することになります。

掃除当番

これも給食当番と同様に、生活班などで清掃区域ごとに1週間くらいで交代するのが一般的です。

以上のシステムを可視化するために次のような当番分担表を教室内に掲示することが多いようです。

担任の思い＝「哲学」をもつ

「哲学」。ベテランの教師でもこれをしっかりもって日々の実践に臨んでいる人は少ないのが現実です。でも「この人はすごい！」といわれる実践家はこの「哲学」を例外なくもっています。言い換えれば確固たる「哲学」なしに確固たる学級経営はできないともいえるでしょう。

「哲学」とは簡単にいうと、「目の前の子どもたちをこう育てたい」という願いであるといえます。それは教師一人ひとりでちがっていて当然です。教師一人ひとりの教職経験も人生経験もちがうのですから。

しかしながら、どの教師も立脚しなければならない法令があります。教育基本法の第1条「教育の目的」です。

当番分担表

教育は、人格の完成を目指し、平和で民主的な国家及び社会の形成者として必要な資質を備えた心身ともに健康な国民の育成を期して行われなければならない。

私はこの目的を踏まえて「自らをコントロールし、他を思いやる力をもった子どもを育てる」という「哲学」をもっています。

子どもたちのすべての言動はこの「哲学」に照らし合わせて評価するのです。この詳細については、この後、具体的に述べていきます。

第4日目以降の戦略
確固たる思いをもつ

授業がしっかり始まります。授業数も多い6年生。子どもも先生も集中力を必要とします。子どもを惹《ひ》きつける授業ができるか。授業準備が勝負です。

A 現実はこうだ!

忙殺される日々

学校によってちがいはありますが、4日目以降は本格的に授業や行事に追われていくことになります。6年生ならほぼ毎日6時間授業になり、また1年生のお手伝いや委員会活動など、学校の代表としての動きが要求されます。

そのようななかで日々の忙しさに追われて、ともすれば授業準備に十分な時間もかけることができず、たんたんと授業を消化していくだけになりがちです。

見失う「哲学」

気がついてみると何のこだわりも思いももたずに、いたずらに日々が過ぎていくことになります。こうなるといったい何のために授業や授業外での指導を行っているのか見失いがちになります。

こういったなかでいちばん警戒すべきなのは指導が「ブレ」ることです。言い換えると、指導に一貫性を欠くことです。こうなると子どもたちは混乱しはじめます。何を信じてどう行動すべきかわからなくなるのです。

一例を挙げましょう。「思いやりと感謝の気持ちをもち、行動しましょう」と子どもたちに指導したとします。具体的にはプリント配りの際に「ていねいに配りなさい」という指導をしたとします。有田和正氏の有名な実践で「プリントを渡すときは『どうぞ』、もらうときは『ありがとう』と言いましょう」という指導があります。あまりに有名な実践なので多くの教師が追実践しています。

しかし、そのような先生方でもプリントを集めるときはどうかというと、何も言わせていない。ノートを返却するときにも何も言わない。言わせない。

こうしてプリントを配るときだけに「どうぞ」「ありがとう」を言う子が「育て」られていくことになります。

高まる不満

そうして、ある日、ノートを乱雑に返す子の行動が目についたとします。教師としては放っておけませんから、その行為に対して厳しく注意したとします。突然叱られて、子どもたちの多くは不満を顔に出すでしょう。

だって今までプリントの受け渡しのときだけ「どうぞ」「ありがとう」と言えと指導されてきたのですから。「なんだよ先生は!? 今まで何も言わなかったのにいきなり怒るなんて。機嫌でも悪いんじゃないの?」と子どもたちは思うことでしょう。教師の指導が「ブレ」ているために子どもたちが混乱している証拠です。

これが続くと子どもたちの担任に対する信頼感

は失墜し、最悪の場合「学級崩壊」へと着実に近づいていきます。原因は教師に「哲学」がなかったことに尽きるのです。

力ずくの指導が多くなる ――5月崩壊への危険

子どもたちの不満が一気に爆発するわけではありません。先に述べたような「ブレ」た指導が蓄積していくにつれて子どもたちとの心の乖離《かいり》は顕著になっていきます。そうして最終的に「爆発」に至るのです。

さて、日々お互いの不満は大きくなっていきます。6年生にもなれば大人がどういう態度をいやがり、腹を立てるかなど簡単にわかります。最初は数人が授業を妨害するなどの行動に出ます。

次にそのまわりにいるグループに。そして最終的にはクラスの多くの子が教師に反発するようになります。

こうなると教師も「強権発動」を余儀なくされます。大きな声での叱責《しっせき》が度重なり、教室は殺伐とした雰囲気になっていきます。

つまり、力ずくの指導が多くなってくるのです。早ければ5月の連休あたりに大きく崩れてしまいます。いわゆる「5月崩壊」とよばれる状態です。

修復は困難

子どもたちといったんここまで関係が崩れると多くの場合、修復は困難になります。よって、学校での支援体制を組み、なんとかのこりの日々を

しのいでいくしかなくなります。教師にとっても子どもたちにとっても、とてもつらい時間となりますが、なんとか状況をそれ以上悪化させない方策を講じていくことです。

何がいけなかったのか?

かなりつらい状況ですが、程度の差こそあれ、多くの教師は必ずこのような状況に陥るものです。成長していくうえで通らねばならない道でもあります。

さて、このように学級がうまくいかないのはいったい何がいけなかったからなのでしょうか?次の2点です。

①「哲学」の欠如による「ブレ」た指導
②上達論を踏まえた学級経営の力量不足

言い換えれば、以上の2点の課題をクリアすれば学級経営はうまくいくともいえるでしょう。

まだ4日目ですが、最悪の状態になる前に学級経営を軌道に乗せていきましょう。

ひろみ先生ー!!
ダーッ
コラ！廊下は走らない!!
スイマセン!! でも聞いてください〜!!
え〜！そんなことがあったの!?
う〜ん つまりそれは
しゅん
あきら先生の指導にブレがあったのね
ブレ!?
どうどう
その子の言うとおり「渡すとき」は声かけや目線を指導していたのに「集めるとき」は何も言ってこなかったんでしょう？
あきら先生が大野くんに注意した理由もわかるけど その時々でちがう対応をしたら子どもたちは混乱してしまうわ
ともかく次からは きちんと集め方についても指導すべき！
さもないと……

B　こう対応しよう！

どんな子どもたちを育てたいのか？

まずは担任がこの考えをしっかりもつことです。私たちは教師として子どもたちの前に漫然と立つのではありません。確固たる思いをもって立つのです。その確固たる思いのことを「哲学」といいます。

次の図を見てください。

図　教育の目的と「哲学」のイメージ

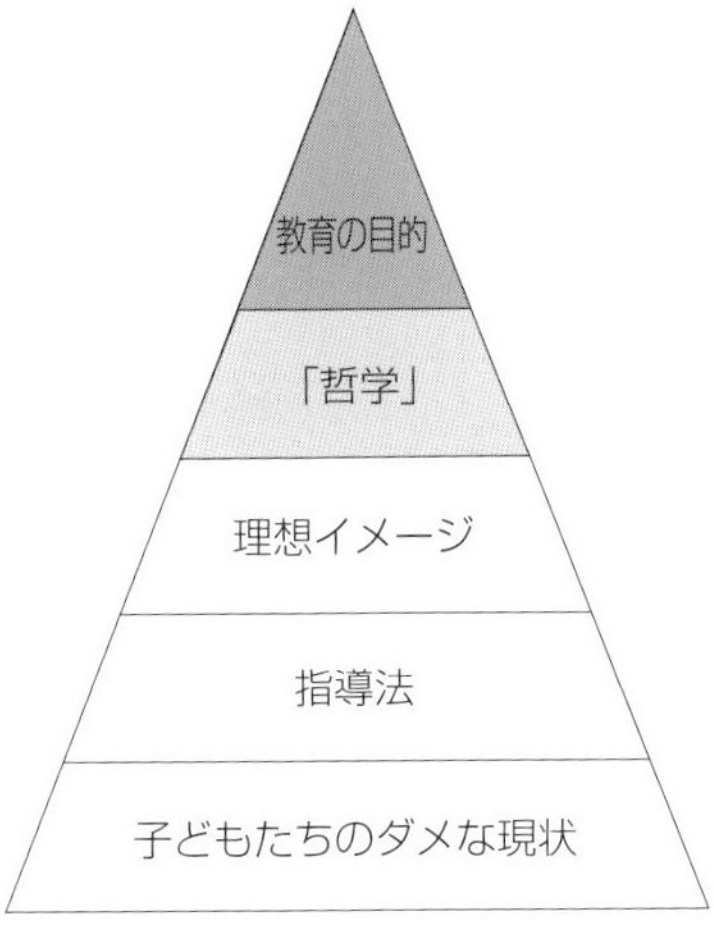
教育の目的
「哲学」
理想イメージ
指導法
子どもたちのダメな現状

教師は教育の目的をもって日々の指導にあたっています。では、この教育の目的とは何か？　先述しましたが、これは全国一律です。教育基本法第一条に明記されています。

第一条　教育は、人格の完成を目指し、平和で民主的な国家及び社会の形成者として必要な資質を備えた心身ともに健康な国民の育成を期して行われなければならない。

イエーイ!!
ギャーン
ウロウロ
zzz
どんどん子どもの心は離れていく……
先生に反発心をもつ子がどんどん増えていって……
連休明けには教室の雰囲気は圧倒的に悪くなってしまう！
ガラガラ
いわゆる5月崩壊!!
ガラガラ
どうすればいいんですか!?
一度クラスが崩壊したら修復は困難よ
ゴクリ
ここでも大切なのは……
哲学!!
ボクの哲学……「人を思いやる」と「自分をコントロールできる」
そう その哲学を……
哲学
理想
ガッ！
子どもたちにどうあってほしいかという「理想イメージ」に落とし込むのよ！

では、ここにうたわれている「平和で民主的な国家及び社会の形成者として必要な資質を備えた心身ともに健康な国民」とはどのような人なのでしょうか？　まずは、ここを自分なりの言葉で捉える必要があります。この言葉が「哲学」なのです。私の場合、先述したとおり次の2つです。

・自らをコントロールできる力を身につけさせる。
・他を思いやる力を身につけさせる。

この捉え方＝「哲学」は教師の数だけあってよいのです。経験年数も、生育歴も、人生経験もちがうのです。同じ文言であるはずがありません。また、経験を重ねるにしたがって変化していくのは当然のことです。

さて、この「哲学」を決めたら、次は「理想イメージ」をハッキリさせることです。何の理想イメージかというと、すべての教育活動を行う際の子どもたちが見せる理想のイメージです。評価規準といってもいいかもしれません。

たとえば、毎朝、子どもたちはどんなあいさつをするのでしょうか？　そのときの声の大きさは？　表情は？

たとえば授業時間。子どもたちはどんな姿勢で授業をうけるのでしょうか？　ノートの上はどんな状態なのでしょうか？　ノートの字は？　ふでばこの中は？

たとえば給食時間。子どもたちはどんな動きを見せるのでしょうか？　当番は？　そのほか

イメージがあれば評価の規準も定まる！結果指導のブレも少なくなるのよ！
《理想イメージ》
目標
めざす！
《現状》
イメージする……
イメージ……
現状…
バサッ
理想…
おねがいします！
ピシッ
大野くんだけじゃない……ボクの理想のクラス……
朝の会のとき……
そうじのとき……
給食のとき……
ポン
はっ

の子は？
たとえば掃除時間は？
たとえば休み時間は？
たとえば帰りの会は？

　このように、朝、子どもたちが登校して下校するまでの学校での活動をすべてシミュレートし、それぞれの局面でどのような姿を見せるべきなのかをイメージするのです。これは評価の規準になりますから、このイメージがないと子どもたちがどのくらい力を伸ばせばよいのかわからないということになります。目的地を決めずに旅行に出かけるようなものです。最終的にどこに到着するかわからない。これでは意図的、計画的に行われるべき教育活動とはとうてい言えません。

　では、どのようにイメージをもてばいいのでしょうか？　これは優れた実践家の学級を参観するのがいちばんです。かなわなければ映像でもいい。とにかく、「子どもたちはこんな姿に育つのか！」という衝撃を受けることです。この衝撃こそが「指導法を編みだそう！」と思わせるモチベーションにつながるのです。

　では、指導法はどのように編みだすのでしょうか？　指導法は今や教育書コーナーに行けばあふれんばかりに棚に並んでいます。インターネットからでも簡単に入手できます。

　しかし、これらに安易に飛びつくのはＮＧです。まずは目の前の子どもたちがどの指導局面でどのように「ダメ」なのか＝「子どもたちがどの指導局面で理想イメージとどれくらい乖離《かいり》しているのか」を捉えることが大切です。

毎日やることはいっぱいあるし
とくにあきら先生は新任だから日々の授業だけでも精いっぱいだと思う……

でもそうやって「子どもたちにこんな姿になってほしい」ってイメージすることが何より大事なんだよ！

は……

はい!!

じゃ午後の授業……がんばって!!

6-1
はい！

パーン!!

ガーン
授業を始めます！


そのうえで、すでに出回っている指導法を改めて見直してみるのです。すると、「ここは使えそうだけど、ここは使えないなあ」とか「これは一見すばらしい実践だけど、うちの学級でやるのは無理だ」などと修正、取捨選択すべき箇所が見えてくるでしょう。

そうして自分の担任する子どもたちにフィットしたベストの指導法を創出、確定していくのです。そのうえでいよいよ子どもたちに指導します。

子どもを伸ばすには評価が重要です。簡単にいうと何をほめ、何を叱るのかということでもあります。私はいい加減な雑なノートを許しません。自分をコントロールできていないからです。

私は友だちの分まで給食の配膳をしてくれる子をほめます。他を思いやっているからです。子どもたちを評価するときの規準は実はこの2つしかないのです。

ですから、このような賞賛と叱責をくり返すことで子どもたちは教師の「哲学」を自然に理解し、行動するようになります。

「育てる」年間戦略と上達論

あきら先生ー
おっ 教材研究 してるね〜
なんですか？
うん
来月の行事の 打ち合わせを 6年の担任で これからしましょうって
あっ じゃあ この資料だけ 読み終わったら すぐ行きますね
たくさんあって 読み終わら ないんですよって
……

1日1日を大切にしながらも先を見通すことも大事。1年後の子どもたちの姿を考えたとき指導をどう変えていくか。年間戦略を考えます。

ここまで、新卒の先生方が赴任以来数日に出あうであろう事態を紹介してきました。3日目までは具体的にあれこれ予想される実態と対応について書いてきました。しかし、4日目以降となるとその場しのぎでは、なんともなり得ません。

ここからは年間を通じて子どもたちを「育てる」戦略が求められます。

では、その年間戦略とはいかなるものか？

次のグラフをご覧ください。

図1　子どもの成長と教師・子どもの活動量

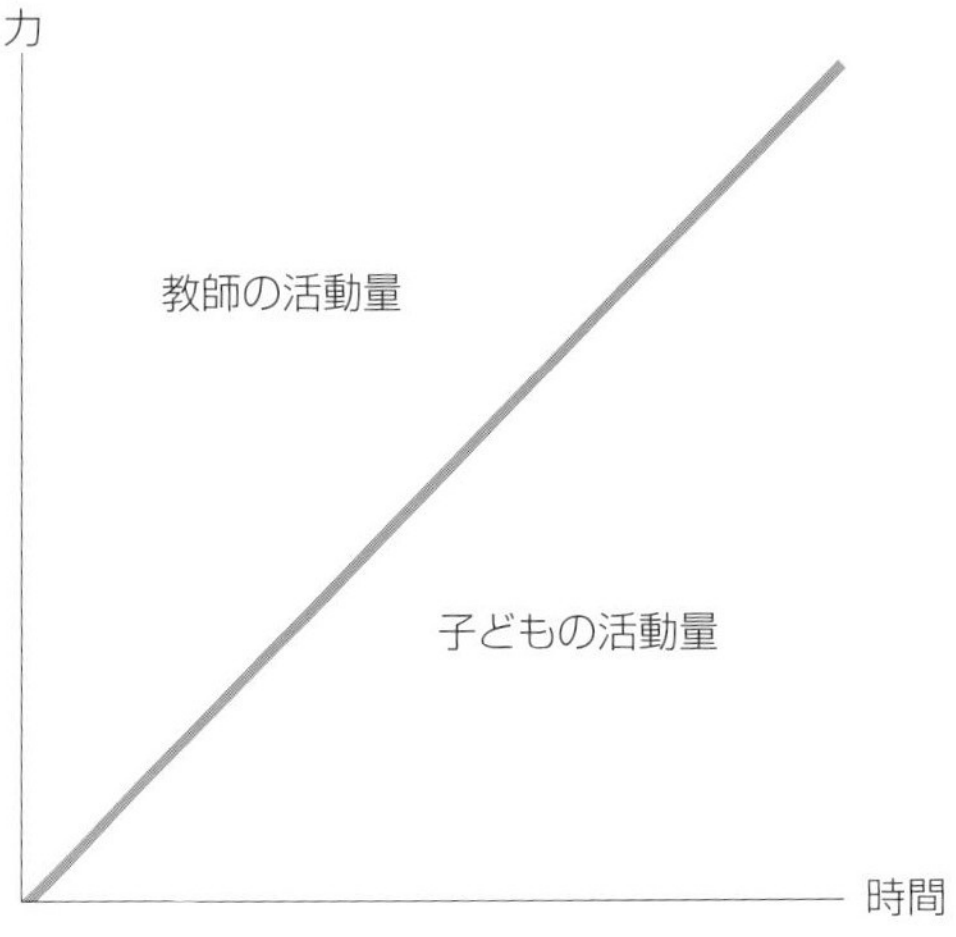
力
教師の活動量
子どもの活動量
時間

ねえ……
あきら先生は3月のことって考えてる？
えっ？
3月？
何言ってんですか！
こっちは3月どころか来週使う教材何にするかでいま頭がいっぱいなのに!!
いやいや……もちろん教材研究も
必要だけどね……
でもあきら先生

これは子どもたちが成長していくにつれて教師の活動量が減り、子どもの活動量が増えることを示しています。つまり、年間を通じて子どもたちの育ち具合を見取り、教師側からのはたらきかけを減らしていくように指導していかねばならないことを示しています。このことを「上達論」といいます。

　後ほど具体的に紹介しますが、たとえば全校朝礼などの指導時に教師はどこに立つべきなのでしょうか？　4月あたりなら前に立ち、子どもたちの表情を見ながらあれこれ指導を講じなければならないでしょう。

　でも、子どもたちに指導を入れて子どもたちが成長したのなら、教師の立ち位置は当然変わってくるはずです。年間を通じて教師の立ち位置がずっと前であるということは、子どもたちが成長してないということの証《あかし》です。

　また、給食指導では子どもたちは4月の様子と翌年3月の様子とではどのようにちがってくるのでしょうか？

　日本中で行われているスタンダードな給食配膳法に「カフェテリア形式」があります。当番が給仕し、それを当番以外の子どもたちが自分の分だけトレーに取っていくという方式です。

　あちこちでリサーチしますが、ワゴン到着から「いただきます」の合図とともに食べはじめるのに、10〜15分はかかるようです。もし、この時間が1年間を通じて同じであるとすれば、それは子どもたちが成長していないという証です。「とにかく子どもたちに給食を食べさせればひと仕事

「教師の仕事」は
「授業をして学力を上げること」
だけだと思ってない？
ビシッ
!!
日々の授業ももちろん
大切だけど
それ以上に
大事なのは
「1年後 どんな
子どもたちに
なっていてほしいか！」
あきら先生には
それが見えている？
そ……
そりゃ……

終わり」と考えている教師の学級ではこのような状態です。

このような指導を続けていたり、子どもたちの状態を看過していたりすると、だんだん学級は荒れていきます。なぜなら、そこには「子どもたちをこう育てたい！」という「哲学」が感じられないからです。先述しましたが、とにかく忙しさに追われて日々の仕事の消化に追われてしまっていると、給食指導に時間を割いている余裕などなくなってしまうというのが実態のようです。

次のグラフをご覧ください。

図2　子どもの成長に変化がないときの教師・子どもの活動量

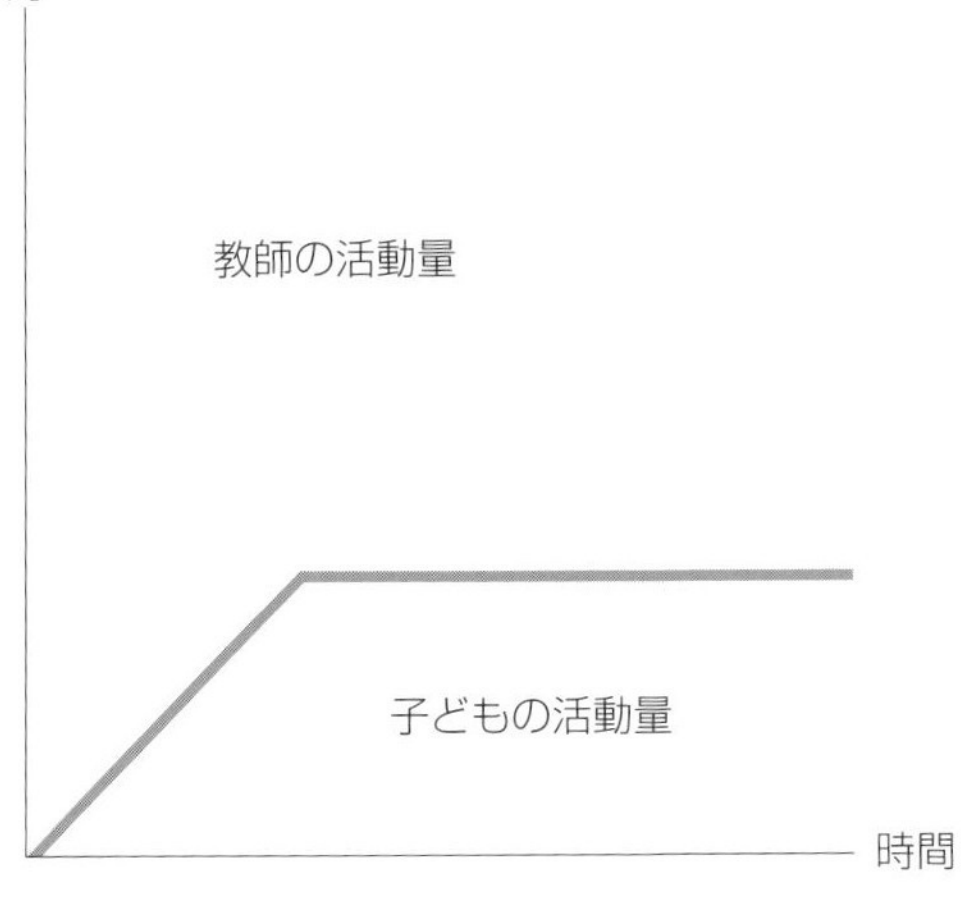
力
教師の活動量
子どもの活動量
時間

年間を通じて子どもの成長に変化がない場合（横ばいである場合）を示しています。学年が終わる頃になっても、教師の活動量が多くなっています。子どもたちが自ら動いていくことができな

いために、教師が代わりに動かねばならないことを示しています。

子どもたちが育っているかどうかを判断する一つの方法が「教師の活動量を見る」ということです。年度末になっても教師があれこれ指示を出している。時にはヒステリックな怒号とともに。これは教師が子どもたちの成長を意識してこなかったことに原因があります。

さらに次のグラフをご覧ください。

図３　学級崩壊したときの教師・子どもの活動量

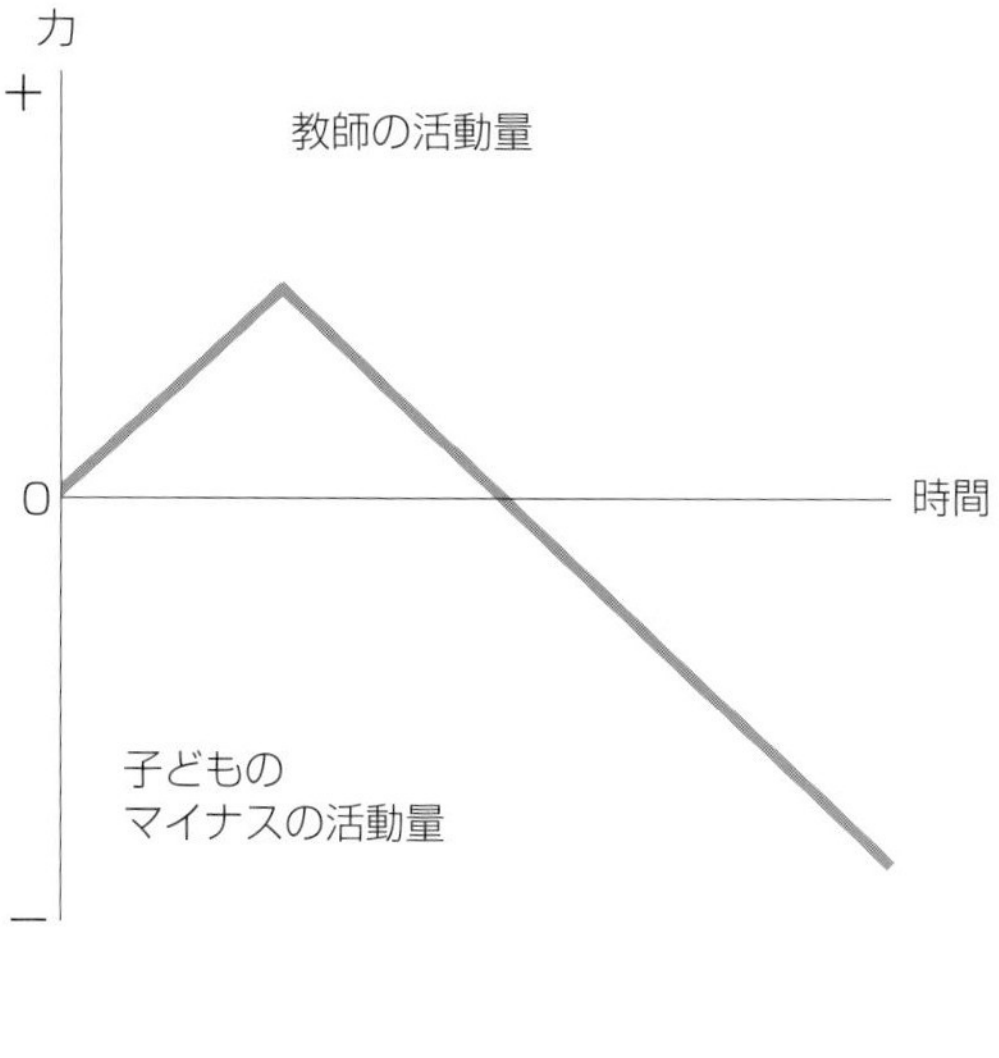

これはいわゆる「学級崩壊」の様相を示しています。時間の経過とともに子どもたちのマイナスの活動（授業妨害や問題行動など）が増えていきます。当然日々起こる問題に対応しなければならないので教師の活動量は日増しに増えていきます。

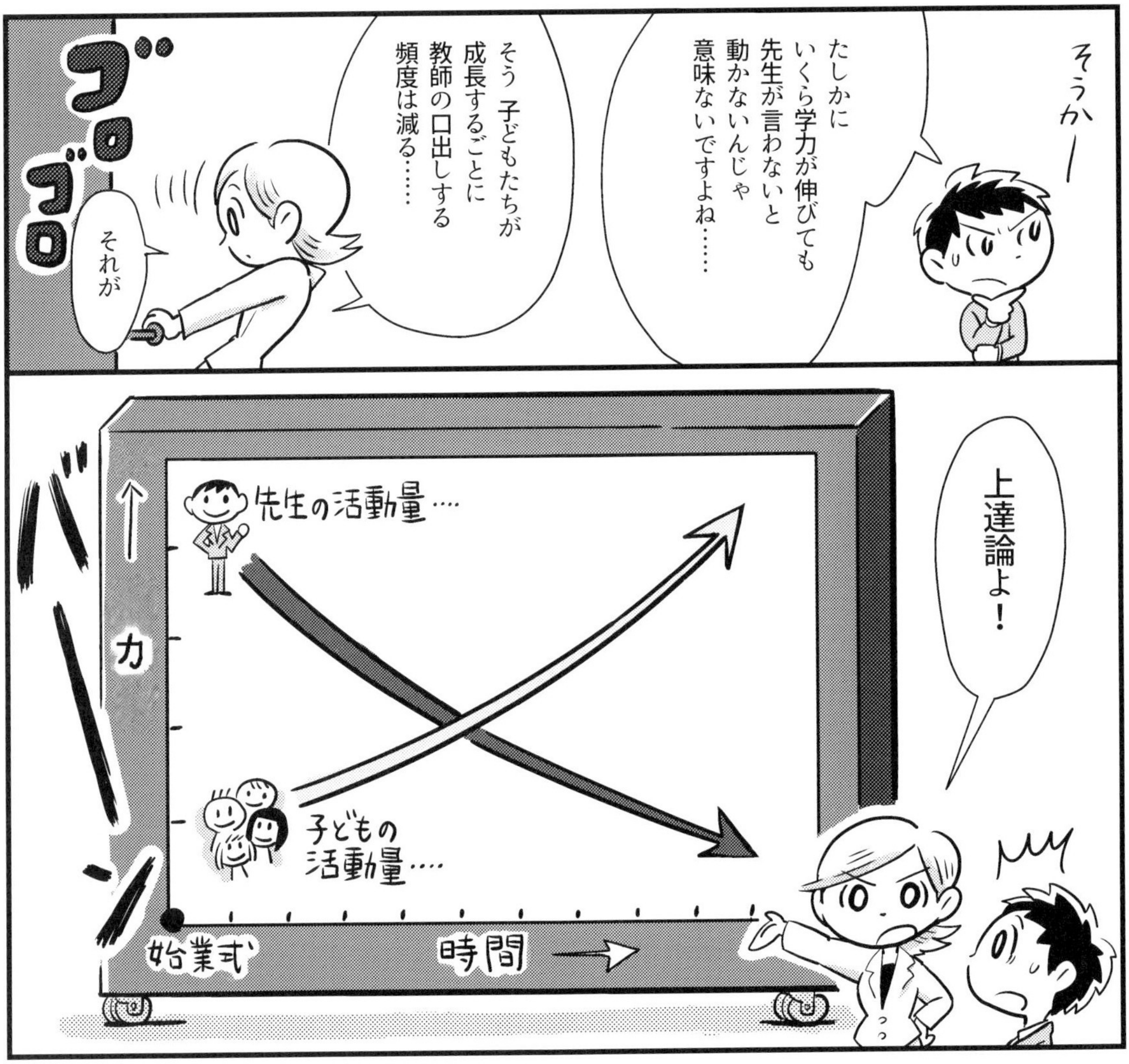
そうかー
たしかに いくら学力が伸びても 先生が言わないと 動かないんじゃ 意味ないですよね……
そう 子どもたちが 成長するごとに 教師の口出しする 頻度は減る……
それが
ゴロゴロ
上達論よ！
先生の活動量….
力
子どもの 活動量….
始業式
時間
バーン

では「学級崩壊」させないためには、どのような年間戦略をもち、上達論を保障すればいいのでしょうか？

次のグラフをご覧ください。

図４　３つの期間に分けた子どもの成長と教師・子どもの活動量

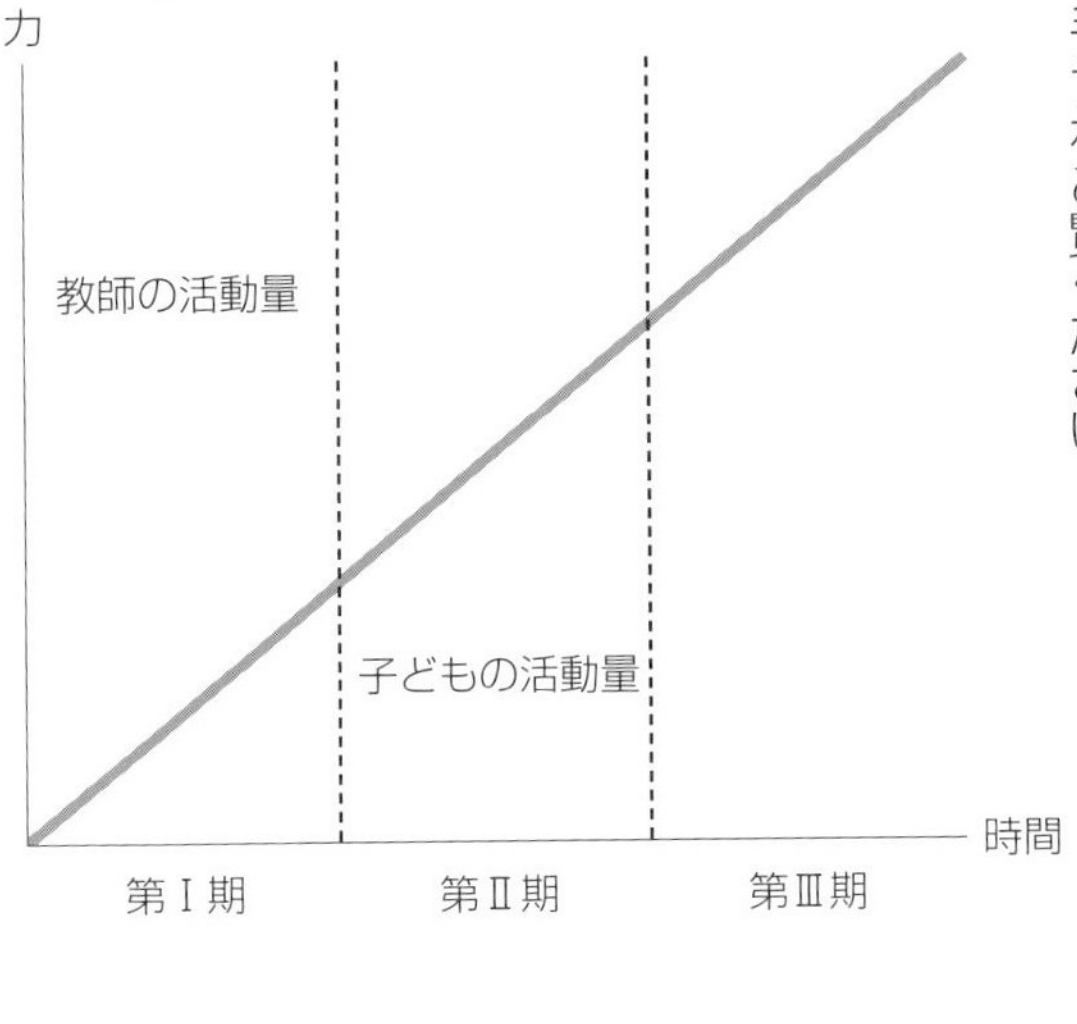
力
教師の活動量
子どもの活動量
時間
第Ⅰ期
第Ⅱ期
第Ⅲ期

1年間を3つの期間に分けるのです。このグラフは便宜上わかりやすく3等分になっていますが、通常の学校のような1～3学期のことではありません。子どもたちの成長を見取って3つの期間にシフトアップしていくという意味です。

では、それぞれの期間にはどのような特質があるのでしょうか。順次説明します。

第Ⅰ期（指導初期）

教師が子どもたちと出会って「望ましい」行動様式を教え込んでいく時期。当然、教師側からの

そしてこれを3つの「期間」で区切っていくと……
ツー!…
第Ⅰ期（指導初期）
第Ⅱ期（指導中期）
第Ⅲ期（指導後期）
先生
力
はーい
先生のはたらきかけが多い期間
子どもたちが指導に慣れてムダなく動けるようになってくる
先生が何も言わなくても、子どもたちが自ら考えて行動できる
サッ
サッ
子ども
始業式
時間
こんな感じになるわね！
おお！

はたらきかけが多くなる。

第Ⅱ期（指導中期）

子どもたちが教師の発する指導言に慣れて、無駄なく動けるようになってくる時期。子どもたちの動きに無駄がなくなってくる分、教師は徐々にハイレベルな動きを求める指導を行っていかねばならない時期でもある。これまでの指導を血肉化させ、レベルアップさせる時期といえる。

第Ⅲ期（指導後期）

子どもたちが教師からの指導がなくてもその時々の状況を自ら判断し、ベストの行動を取れるまでに成長した時期。教師側からのはたらきかけはほとんどなくても、子どもたちは無駄なく自分たちで判断して的確な行動がとれるようになる。教師がフェイドアウトし、子どもたちが自立していく時期ともいえる。

この3つの時期を意識して実践を行うことが「上達論を意識する」ことと同義となります。

もう少し具体的にこの3つの時期について説明しましょう。

教育界で有名な指示に「ゴミを10個拾いなさい」というものがあります。石川裕美氏の実践です。子どもたちに対し「ゴミを拾いなさい」と言っても動きにくいが、「10個」という具体的な数字が入っていれば子どもたちは動くようになる点で優れているという教育技術です。

これはやってみればわかりますが、確かに子ど

でも具体的に期間ごとにどう指示を変えていくんですか?
たとえば毎朝「ごみを10個拾いなさい」という指示をするとして
第Ⅰ期はふつうに「ごみを10個拾いなさい」と指示する
10
第Ⅱ期になると「教室を見渡して何か気づいたことはありませんか?」とだけ言う
そして第Ⅲ期になると先生が何も言わなくても子どもたちは自主的にごみを拾うようになる……!
今朝もキレイだね~
そうか子どもたちに気づくよう促していくんだ!

もたちはよく動くようになります。この実践の効果を知った教師なら「いつでもどこでも使える便利な指示」として、しょっちゅう使うようになることでしょう。

しかし、ここに落とし穴があります。これを使う教師はいったいどのような子どもたちを育てたいという「哲学」をもっているのでしょうか?

また、それゆえ、この指示は子どもたちの育ちに応じてどのように変化していくのでしょうか?

つまり上達論を意識しないまま、子どもたちにいつまでたっても同じレベルの指導をし続けることになるのです。

では、「哲学」をもって指導すると、この指示はどのように変化していくでしょうか?

私の実践を紹介します。

私の「哲学」は先述した通り、

・自らをコントロールできる力を身につけさせる。

・他を思いやる力を身につけさせる。

以上の2つです。この2つの力を身につけた子どもはどのような成長を見せるのでしょうか?

私は理想イメージとして「教師に何も言われなくても教室に落ちているゴミを拾える子ども」だと考えます。ですからこれを最終到達点=第Ⅲ期に据えるわけです。

すると、3つの時期における子どもたちの姿は次のようになると考えます。

最終的に「いつも教室をきれいに保つ」よう行動できる子どもを育てるこれが上達論の年間戦略なわけです！

すごい！

でも実際1年でこんなすごい子たちに育てられるかなボクは……

できます!!

ではこれからどの局面でどんな指導を行っていけばいいか具体的に見ていきましょう！

第Ⅰ期

・ゴミを10個拾いなさい。

第Ⅱ期

・教室を見渡してごらんなさい。何か気づいたことがあれば動きなさい。

・教室に何か違和感はありませんか?

第Ⅲ期

・教師は何も指示しなくても教室にはゴミは落ちていない。

この第Ⅲ期にまで成長させるためにどのような指導を行えばいいのでしょうか？　次章以降では指導局面を「授業」「宿題」「学校生活」「当番活動」「学校行事」の5つに分けて具体的に紹介します。

第Ⅰ期　指導初期

まずは子どもたちと信頼関係を築き
学校生活のペースに乗せる

全然「ビシッ」と
してない〜!!
ダッ
注意
しなきゃ！
待って！

教師と子どもたち、また子どもたち同士の信頼関係がまだ構築されていない時期です。この時期にはまずは学級内での規範意識をきっちり高めていくことが肝要です。そのうえで子どもたちとの信頼関係を構築すべく、授業をはじめ、あらゆる指導局面で仕掛けを講じていきます。

この際に大切なことは、まずは教師自身が確固たる「哲学」をもち、それに基づいた指導を貫徹していくことです。

子どもたちは日々の授業を中心とした教師のはたらきかけからその「哲学」を感じ取っていきます。そうして、今後子どもたちを高いレベルまで育てていくための土台を創り上げていくのです。そのためには、学級経営の「基本中の基本」をしっかり踏まえて指導にあたる必要があります。

授業
ハートをゲットする

6年という最高学年の子どもたち。最初の授業で子どもたちの気持ちをつかみたい。知的好奇心を刺激し、あきさせない、夢中にさせる授業があります。

第3日目の箇所で次のように書きました。

自分が教える教科・領域で「これはすべらない!」という授業プランを用意しておきましょう。

私は杉渕鐵良《すぎぶちてつよし》氏の「ユニット授業」の構想を取り入れています。杉渕氏が考案した教材群もそうですが、45分の授業をいくつかのパートに分けて子どもたちの集中力と意欲を喚起するという授業の構成論に大いに影響を受けています。

私の場合、次のような授業で子どもたちのハートをゲットしていきます。

1　国語
テンポよく言語感覚を磨く

次のようなメニューで45分間を組み立てます。

(1)暗唱　——達成感で信頼関係を構築!

いろんな暗唱教材が出版されていますが、私は『声に出して読みたい日本語』(齋藤孝、草思社)から、日本を代表する文学作品(夏目漱石、芥川龍之介、森鷗外など)や漢文(論語・漢詩など)を抜き出してプリントし、子どもたちに配付します。これはファイルに入れるなり、教科書に貼り付けるなりして、年間を通じて使えるようにしておきます。

効果的な暗唱指導法があります。私が編み出した「リード式暗唱指導法」です。ペアになります。じゃんけんで順番を決めて、勝った方から何も見ずに作品を暗唱します。ペアの子はその子の暗唱を聞くのですが、途中でまちがったり、つまったりしたら、その部分の正解を教えてあげるのです。次のように、です。

川端康成『伊豆の踊子』の場合

Ａ「道がつづら折りになって……（つまる）」

Ｂ「いよいよ」

Ａ「あっ！　いよいよ天城峠に……（つまる）」

Ｂ「近づいた」

Ａ「近づいたと思う頃……」

このようにペアの子の暗唱がスムーズにいくように手助けしてあげるのです。５分ほどして「暗唱できる自信のある子はいますか？」と聞くと、数人がチャレンジするはずです。その子たちにチャレンジさせます。多少、まちがってもかまいません。その意欲をほめてあげてください。その後、全員で暗唱します。国語の授業のたびに暗唱をします。できるようになったリストを作っておくといいでしょう。１週間でほぼ全員が覚えてしまいます。そのペースでいくと１学期の間に20編近い作品を暗唱できるようになります。

暗唱は子どもたちが達成感を感じやすい教材です。６年生のこの時期にそういった達成感を味わわせることは子どもとの信頼関係構築に有効です。

(2)フラッシュカード（漢字編）　――テンポのよさで引き込む

６年生の子どもたちは難読漢字が大好きです。教科書にある配当漢字はそれはそれできっちり教える必要がありますが、それだけではおもしろみがありません。次のような漢字のフラッシュカードを作ります。厚紙を適当な大きさに切って表に赤字で難読漢字を、裏に読みを書くだけです。20枚で１セットくらいが適当です（１回につき30秒もあれば終わります）。

テンポよく授業のはじめに行うことで、子どもたちを授業に引き込むことができます。

カードに書く漢字は、次のようなものです。

珈琲　コーヒー
葡萄　ブドウ
蒲公英　タンポポ
胡桃　クルミ
紫陽花　アジサイ
蜜柑　ミカン
西瓜　スイカ
南瓜　カボチャ

暗唱が終わったら間髪入れずにフラッシュカードを行います。授業にテンポが生まれます。

(3)群読　――一体感を高めるために

群読の教材も書籍やインターネットでいくらでも入手可能です。私は近年、次の作品を扱っています。

『お祭り』　北原白秋
『戦争はよくない』　武者小路実篤
『人間の勝利』　山村暮鳥
『にんげんをかえせ』峠三吉
『わたしはひろがる』岸武雄

一人ひとりにセリフを割りふります。はじめはまず大きな声で読むことを指導し、ついで感情を込めて読むことを指導していきます。これは卒業式の呼びかけの練習にもなります。

(4) 漢字部首なぞり　――反復の効果を体感させる

漢字ドリルを使用します。漢字ドリルをめくると、新出漢字の書き順や読み、熟語がまとめられています。いちばん上には新出漢字が大きな字で載っていますが、この部首の部分だけを蛍光ペンや赤ペンでなぞっていくだけのことです。その際に「ごんべん」「にんべん」などと部首名を声に出させてなぞらせていきます。3分間でどんどんなぞらせます。すべてなぞり終わったら2回目に入ります。

これを1カ月も続けると、その学年で学習する漢字の部首はほとんど覚えてしまいます。テストでときどき部首を問う問題が出ます（得点にして100点満点中20点程度）が、全員が難なく正答します。反復練習の効果を体感させることができます。

(5) 熟語クイズ

漢字ドリルの漢字を用いて熟語クイズを作ります。これは雑誌などの教養クイズでよくあるものです。たとえば次のようなものです。

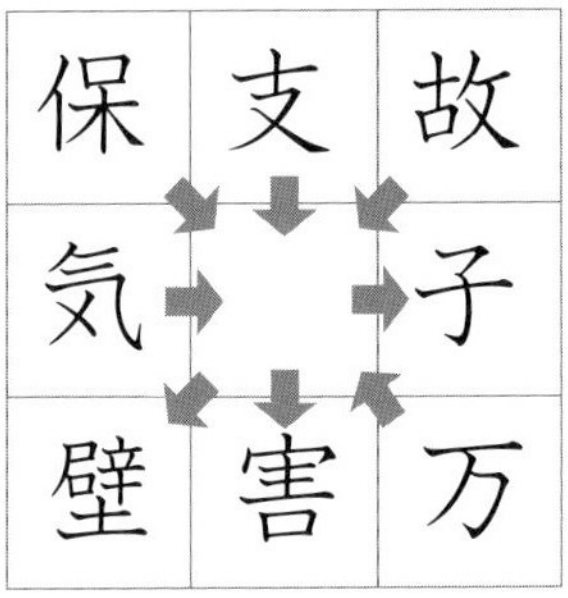

（答え　障）

このクイズに少々ハイレベルな熟語を1つ入れておきます。たとえば次のようなものです。

「保障」「障壁」「障子」は子どもたちでもわかるのですが「気障」はなかなか読めません。ヒントは辞書を引いて、その説明を読んであげます。「服装や態度、言動などが気取っていて、いやみなこと」などのように、です。そのうちに「キザ」という答えが出されるはずです。これらの熟語はノートにきっちり写させます。

(6) 教科書の教材

このあと教科書の内容を扱います。国語の教材は粗く分けて次の3種類です。

・物語文教材
・説明文教材
・語彙教材

今や実に数多くの実践プランが手に入る時代です。ぜひ、教材研究され、多くのレパートリーをもつことをお薦めします。

2 社会
地理・歴史の教養を楽しく高める

国語と同様に、次の流れで授業のペースを作ります。

(1)国旗フラッシュカード ――高速でインプット

授業が始まるやいなや私は教室の隅へ行き、フラッシュカードを始めます。

フラッシュカードは市販されているもので十分です。通信販売が便利で、1セット3000円程度です。

いっぺんに100枚以上もやるとだれるので、私は地域別（アジア編、ヨーロッパ編など）に数十枚ずつ行います。

(2)歴史人物フラッシュカード ――楽しくリズムづくり

資料集などにある歴史人物の肖像をデジカメなどで接写し、パソコンに取り込んで出力、ラミネートして使用しています。教科書に登場する人物の他に芸能人などのカードを入れ込んでいくとおもしろいです。

たとえば木戸孝允。実に石原裕次郎に似ています。そこで、「木戸孝允」➡「石原裕次郎」という流れでカードを見せていきます。子どもたちは大喜びです。そのあとは「ゆうたろう（石原裕次郎専門のモノマネ芸人）」➡「イチロー」➡「キンタロー。」➡「北島三郎」➡「ケンシロウ（北斗の拳）」➡「ラオウ（同じく北斗の拳）」という具合にレパートリーを増やしていきます。

(3)社会常識暗唱

これは教科書の巻末にある暗唱教材をひたすら読むだけの簡単で、しかも効果絶大の指導法です。「暗唱教材を読みましょう!」のかけ声とともに声を合わせて読んでいくだけです。しかし、数カ月で子どもたちは基本的な地理的情報を暗記してしまいます。これらの情報は6年生の学習だけでなく、中学校へ行ってからも役立つものです。

とくに面積の広い国や人口の多い国のトップ10くらいは基本的な教養として身につけておいてほしいものです。最近はアマゾン川やナイル川などがどこの国にあるのかすら、答えられない大学生がたくさんいるそうです。子どもたちには言います。

「この情報を的確に言える大学生や大人はほとんどいないよ。ここの部分だけでは大人を超えような!」と激励します。子どもたちは教科書レベルよりもほんの少しハイレベルの内容に興味を示します。チャレンジ精神を喚起するのでしょう。

(4)47都道府県暗唱

これもいろんな指導法が提案されていますが、次のようにたんたんと暗唱していく方法でやっています。

①社会係の子が「東北地方!」と大きな声で言います。
②ほかの子たち全員が「東北地方! 青森、岩手、宮城、福島、山形、秋田」と声を合わせて言います。
③この要領で「北海道地方」から「九州地方」まで分割しながら暗唱していきます。
④最後は社会係の子が"Ready. Go!"と号令をかけると可能なかぎり速いペースで暗唱していきます。終わったら「はいっ!」と挙手して座ります。

覚えさせ方には工夫がいります。最初は地図を見ながら言わせていくのですが、たとえば東北地方なら、次のような図をかいて暗唱する順番の説明をします。これなら暗唱時に頭の中で日本地図を思い浮かべることになり、日本地図の感覚もあわせて体得できるので一石二鳥です。

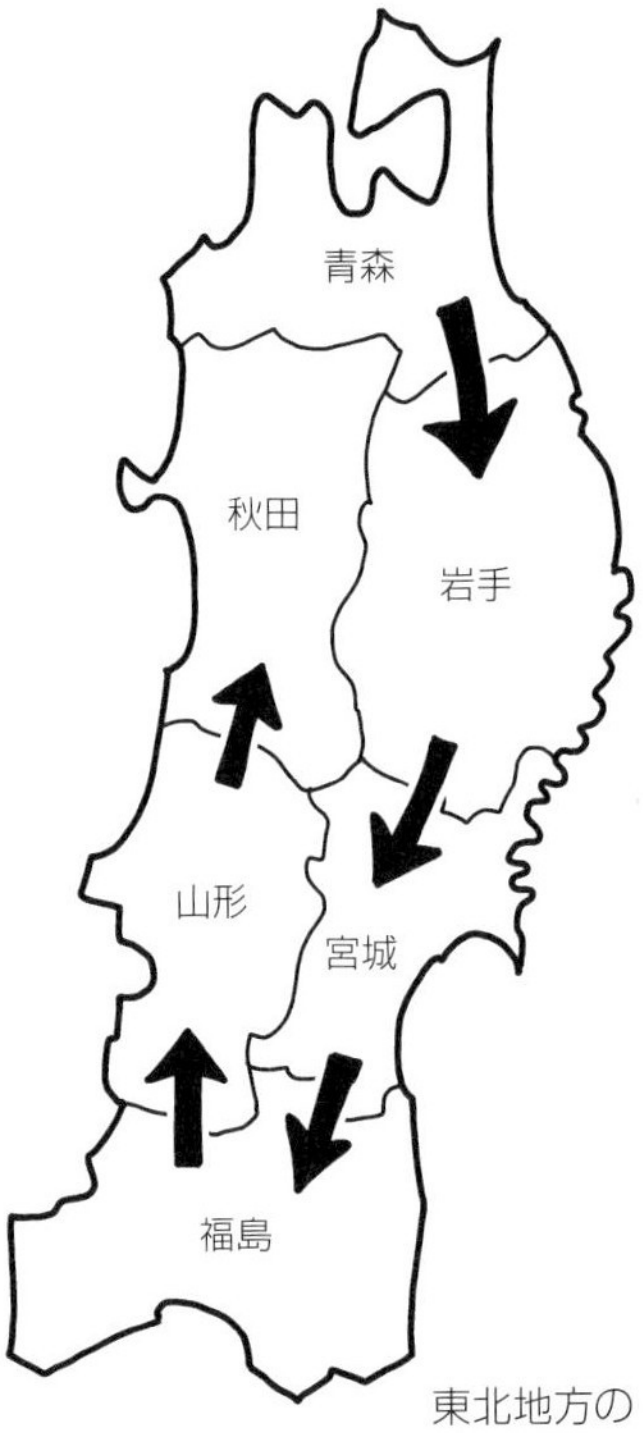

東北地方の県名暗唱

(5) アメリカ50州暗唱

これは市販のCDを利用します（『うたって覚えよう！　えいご&にほんごMIX！・アメリカ50州おぼえうた』）。やはり暗唱は声に出してくり返しインプットしていくにかぎります。

CDをかけて、あとは印刷した歌詞カードを声を合わせて読むだけです。1回目はゆっくりと、2回目はハイスピードバージョンで収録されていて、楽しく取り組めます。

終わったら、「お互いにアメリカの州を10個言い合って座りましょう」などの指示を出して、ペアトレーニングなどによる「復習」をさせます。早ければ2カ月ほどで歌を覚えてしまう子が続出します。

(6) 地図トレーニング

6年生であっても社会の時間に必ず地図帳に慣れ親しむ時間を確保します。主に歴史学習ですが、地図が読めると理解が深まることがたくさんあります。次の順番で指導していきます。

①地図帳を開かせます（最後のページにあるメルカトル図法の世界地図がいいです）。
②全員起立させます。
③教師が「位置情報」を読み上げます。たとえば「北緯35度、東経135度」といった感じに、です。
④わかったら地図帳のその国名に赤線を引かせ、持ってこさせます。
⑤正解した人は、まだ探している人にどんどん教えていきます。全員座ったら、白地図に国名をどんどん記入させていきます。

最初は「アフリカ大陸」などと地域限定でやっていきます。5分くらいで終わります。国名を入れるたびに国境線をなぞらせてもよいでしょう。

年間を通じて行うと、1年後には経度、緯度の感覚が身につき、また主な国の位置がわかるようになります。

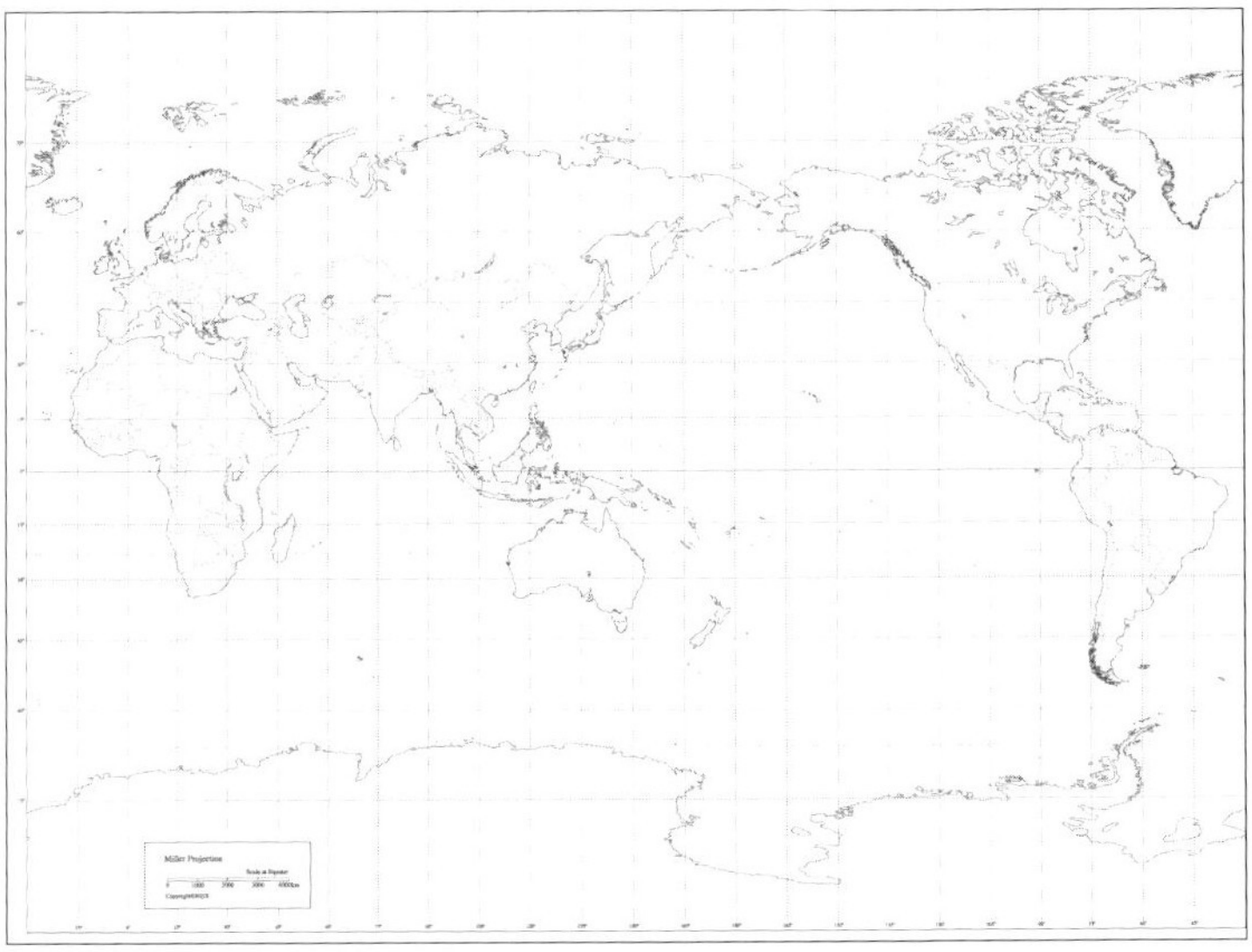
世界地図

3　算数
達成感とともに確実な学力形成を

これも開始から5分で子どもたちを授業に引き込む工夫をします。次のような流れにします。

(1) 100マス計算などの反復学習

市販の100マス計算でもいいですが、お薦めは杉渕鐵良氏考案の「10マス計算」です。100マスでは計算が苦手な子は意欲をなくします。でも10マスなら短時間でやり終えることができるので達成感があります。また、教師が10問ごとに時間を区切るので、子どもたちを授業開始早々にペースに乗せることができます。

このほかにもいろんな計算シートが市販されていますし、場合によっては自作するのもいいでしょう。

(2) 裏面に11〜19の段の問題

(1)のプリントの裏に、11の段から19の段までの答えをつぎつぎ書いていくというものです。円の学習をするときには「3・14」の倍数などにも取り組ませます。計算時のミスが減ります。

(3)「T（Teacher）問題」

(2)にチャレンジさせている間に、前時の復習問題を数問板書しておきます。数分間、自力でチャレンジさせます。早くできた子数名に黒板に解き方と答えを書かせます。ほかの子にはその解き方と答えをノートにきれいに書かせます。

あまりたくさんやらないことです。多くても3問程度。でも毎時間やると効果的です。

(4) 教科書の内容

この時期はオーソドックスな方法で授業を行うことをお薦めします。いわゆる教科書の「赤本」とよばれる指導書をそのままやってみるのです。発問も指示もすべて書かれています。先輩の先生にもガンガン教えを請いにいきましょう。新卒から数年は教科書を自力でやってみること。そのうえで見えてきた問題点を改良しながら、効果的な指導法を追試したり、編み出したりしていくのです。

(5) 理解度確認問題

その日の学習が終わったら、最後は必ず理解度を確かめる問題を出します。できたら教師のところまで持ってきて、正解なら授業を終われるというシステムにします。

このときに、ノートの出し方、お礼の言い方、並び方、きれいなノートの書き方などもあわせて指導します。具体的には次のような評価規準を持ちます。

ノートの出し方

教師が見やすいようにノートの向きを変えさせます。そして「お願いします」と言わせます。当然の礼儀です。できていなければやり直しさせます。

お礼の言い方

見てもらったら「ありがとうございました」とお礼を言わせます。できなければやり直しさせます。

並び方

列ができても静かに待たせます。うるさくなったらいったん席に戻してやり直しさせます。世の中に出れば、我慢して数十分待たなければならないこともあるのです。しんぼうすることを教えるチャンスです。

きれいなノートの書き方

これもあらかじめお手本を配っておくとよいでしょう。マス目を利用してきれいに書けていればOKです。汚いと感じたらやり直しを命じます。

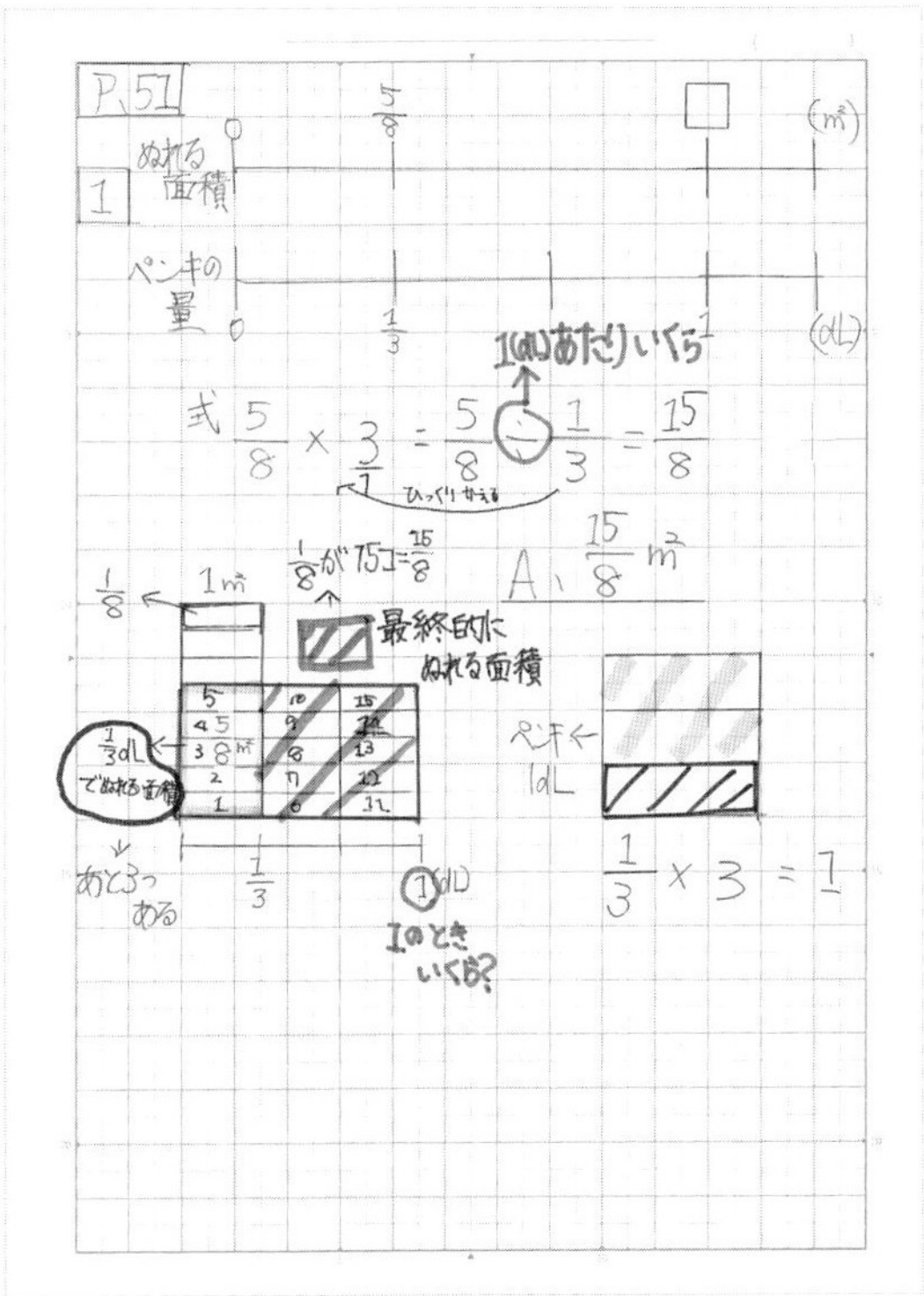

きれいな算数ノートの書き方

4　理科　本質的で楽しい実験を！

年度はじめは、まず、おもしろ実験で子どもたちのハートをゲットしましょう。6年生にもなるとかなり専門的な知識を要する内容（中学、高校レベル）でも、子どもたちは大いに関心を示してくれます。おもしろ実験ネタは書籍やネットでいくらでも入手できる時代になりました。その中の1つを紹介します。

(1)「真空ポンプ」の実験

これは商品名「エアーフレッシュ」というものです。通信販売で購入可能です。

この道具を使うと、本質的でかつ衝撃的な実験を見せることができます。次のようにセットして、空気を抜きます。

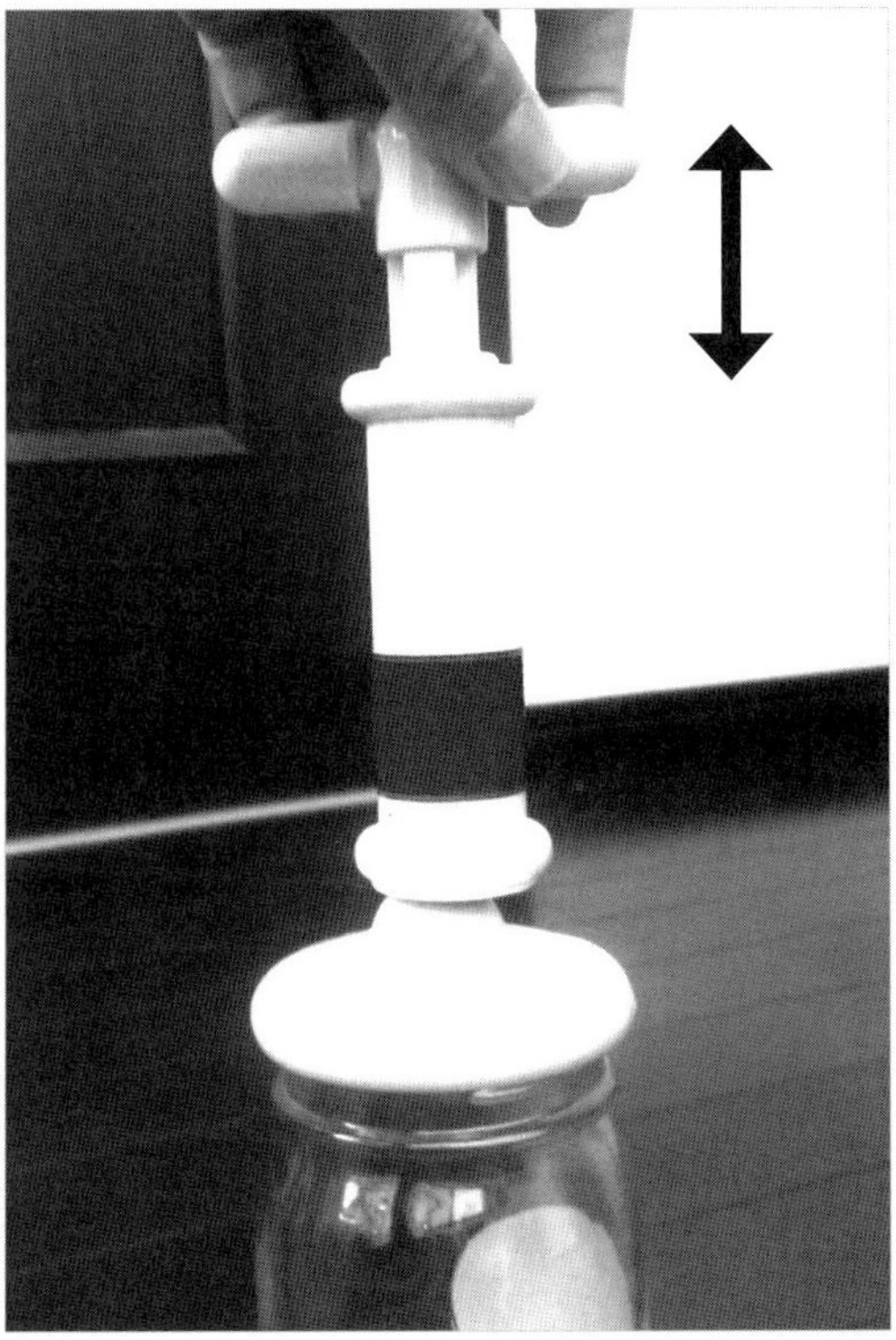

真空ポンプで空気を抜く

ポンプを離すとフタがくっついてきます。真ん中にあるボタンを押すと空気が戻り、フタは外れます。

フタがくっつく

真ん中のボタンを押すとフタが外れる

ここまで見せて子どもたちに「なぜ空気を抜くとフタはくっつき、戻すとフタは外れるのでしょうか?」と聞きます。まずは自力で数分間考えさせます。その後、ペア学習などの形態にして情報を交流するといいでしょう。

数人に前に出て説明してもらいます。最後は次のようなイラストが出てくるとなかなかの理解力でしょう。もし出なければ教師の方から示すといいでしょう。

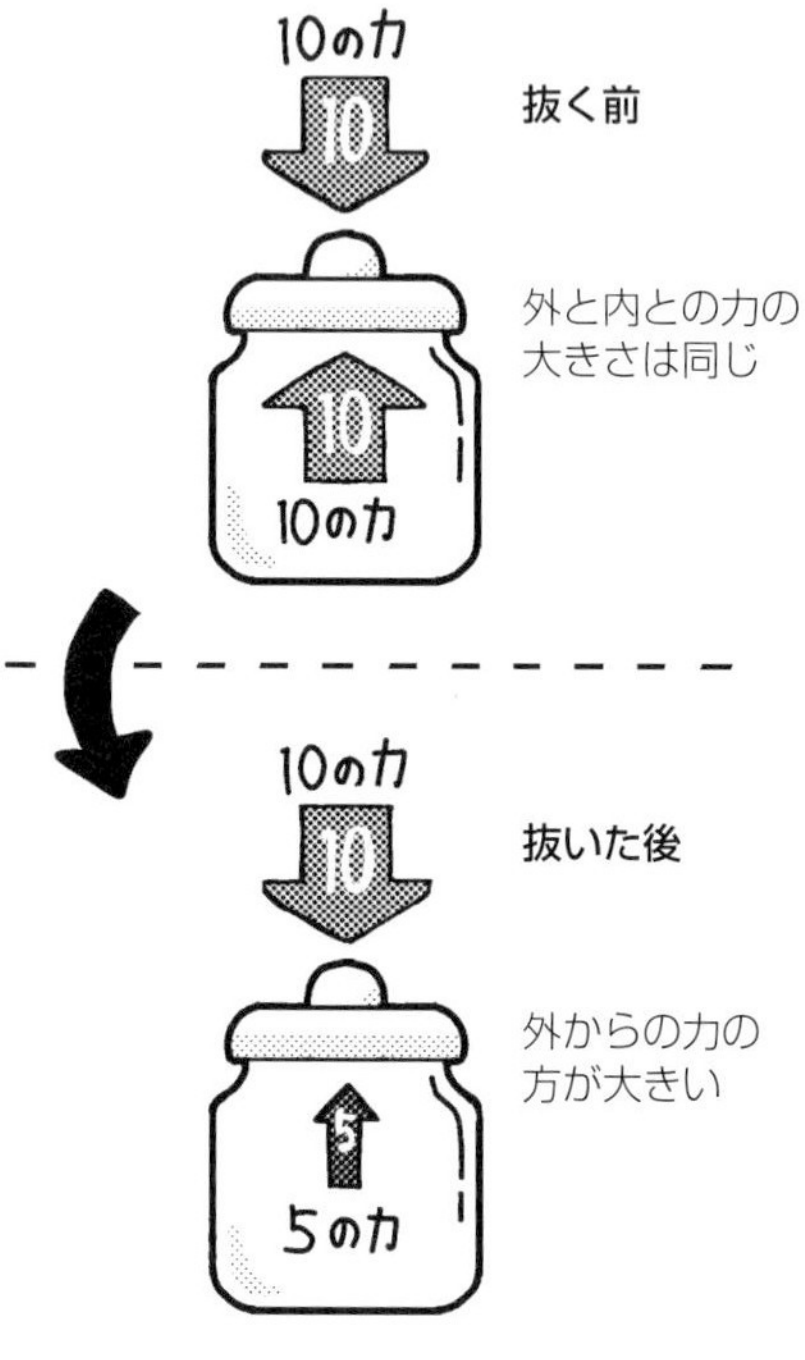
抜く前
10の力
10
10
10の力
外と内との力の大きさは同じ
抜いた後
10の力
10
5
5の力
外からの力の方が大きい

ここさえおさえておけば、次からの実験はスムーズに知的にセンセーショナルに行っていけます。びんの中に次のようなものを入れて、空気を抜くとどうなるかを問います。

・少し膨らませた風船を入れて、空気を抜くとどうなるか?（答え　膨らむ）
・マシュマロを入れて、空気を抜くとどうなるか?（答え　膨らむ）
・缶コーヒーに缶切りなどで小さな穴を1つ空け、逆さにする。コーヒーは出るか?（答え　出ない）

3つめの説明は少々難しいのですが、「缶の中のコーヒーが出るのを外の空気分子がじゃましている」といえばわかりやすいでしょう。

・その缶コーヒーをびんに逆さに入れて空気を抜く。どうなるか？（答え　出てくる）
・コーヒーが出てきている状態で「プッシュ」ボタンを押して、空気を戻すとどうなるか？（答え　コーヒーが戻る）

このシーンは衝撃的です。子どもたちはひとりのこらず驚くことでしょう。そのあとで「このように今年1年、楽しい理科の授業をしていきましょうね」と締めくくります。

⑵日々の授業

子どもたちに「理科の授業はおもしろそうや！」と思わせたら、しめたものです。子どもたちは期待して授業に臨んでくれるようになります。

しかし、毎回毎回おもしろ実験ばかりやっているわけにはいきません。教科書にある内容を扱っていきます。教科書でも理科の授業は実験・観察がメインになります。準備を周到にしておくことが大切です。学年団で相談しながら進めていくとよいでしょう。

ノートは「理科学習ノート」が便利です。復習問題やデータ記入欄、まとめの問題が一括してまとめられているからです。

「理科学習ノート」を使用しない場合は、普通のノートに記入させます。その際には、次の４つの「かたまり」を意識させます。

①問題（ねらいは何か？）
②実験・観察（どうやって確かめるのか？）
③結果（どうなったか？）
④考察（その結果から言えることは何か？）

これらのことを意識したノートを作成させます。次のようなノートになります。

このように1つの実験につき見開き2ページでまとめさせていきます。理科の授業はともすれば実験・観察のやりっ放しに終わってしまいます。授業全体の構造を理解させることもまた学力形成のために有効な指導法になります。

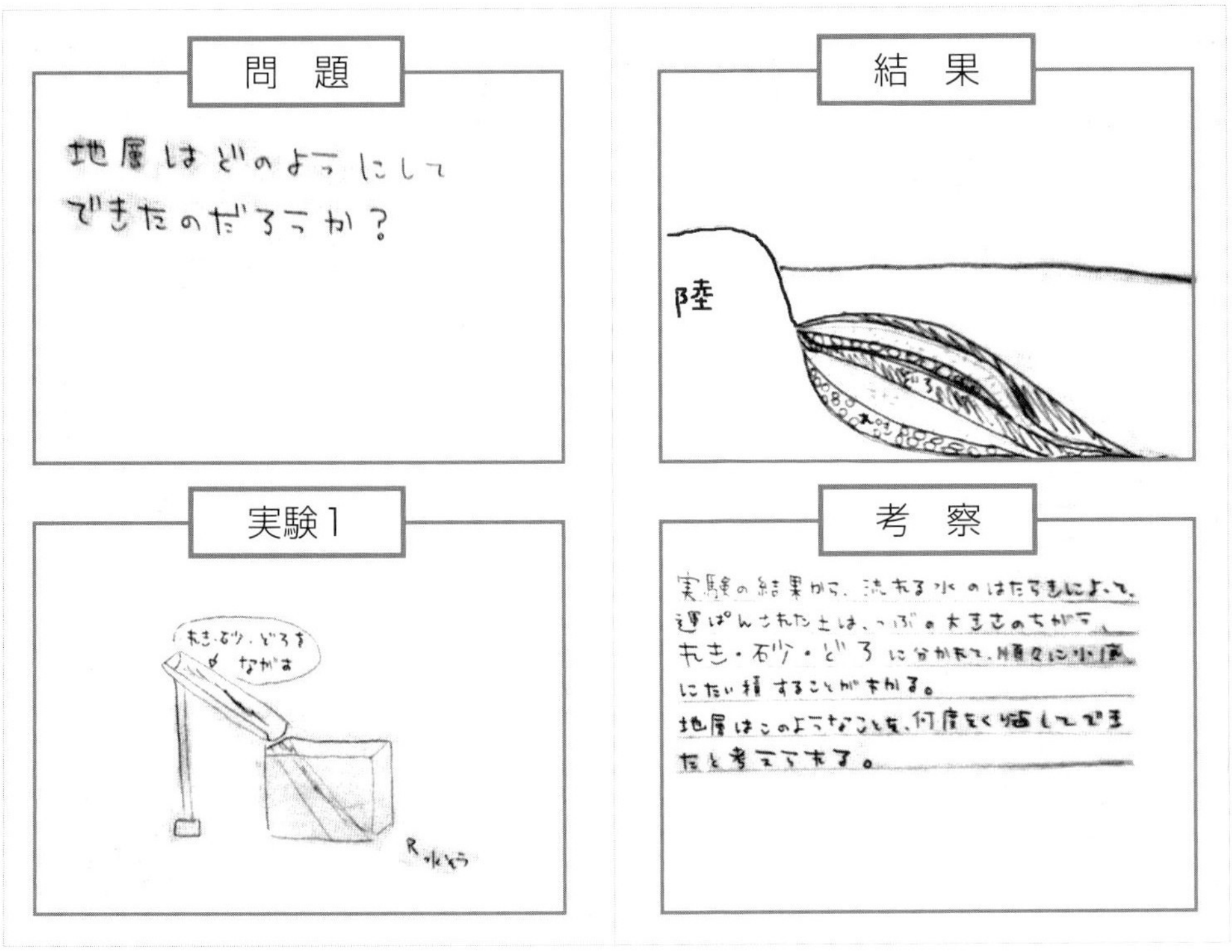
問　題
地層はどのようにしてできたのだろうか？
実験1
れき・砂・どろを
ながす
水そう
結　果
陸
考　察
実験の結果から、流れる水のはたらきによって、運ぱんされた土は、つぶの大きさのちがいで、れき・砂・どろに分かれて、順々に水底にたい積することがわかる。
地層はこのようなことを、何度もくり返してできたと考えます。

理科のノートの例

5 体育
基本的な人間関係を構築できる場

許してはならないシーン

子どもたちは基本的に身体を動かせる体育の時間が大好きです。体育がつぶれると大ブーイングになることもあります。子どもたちの意欲が高い教科といえるでしょう。

さて、ともすれば単に子どもたちに運動さえさせておけばいい、という考えになりがちです。別の言い方をすれば子どもたちの「うっぷん晴らし」の場と捉え、とにかく運動をさせておけばOKという考え方です。しかし、これは大きなまちがいです。それは体育の時間は子どもたちの人間関係がモロに表れる状況だからです。

たとえば次のような局面があります。バスケットボールの時間。1人に1球のボールを取りにいかせます。すると多くの場合、元気でボス的な存在の子が我先にとボールを取りにいき、比較的立場の弱い子が後からボールを取りにいきます。

この状況を看過してはなりません。子どもたちに「授業中は自分のことだけ考えていればいいのだ」ということを教えたことになるからです。その後のバスケットボールの学習中ももちろん、片づけの際にも教室にある人間関係が支配するようになります。「群れ化」です。このような事象が蓄積されて、学級は確実に悪い方向へと進んでいくことになります。

また、たとえば次のような局面があります。ペアを作らせます。そのときに最後までペアになれずに残ってしまう子がいたとします。これは学級の人数が偶数で、確実にペアができるときも、奇数で1人が残ってしまうときも同様です。

いくら鈍感な教師でも、その残ってしまう子を気遣って「早くペアを作りなさい」などと声がけはするでしょう（声がけも何のリアクションもしないのなら、もはや指導者として失格です）。そうして、しぶしぶ誰かがいっしょになって座る。このような局面です。

このような状況で教師が真っ先に感ずべきは差別の存在です。最後までペアができない子というのは、それまでにそのような排斥、侵害行為、つまり「いじめ」を受けてきた子です。その存在が明らかになったのです。それを看過して次の指導局面に移るということはどういうことか？　それは「この学級では差別は許される」ということを教えたことになるのです。

こう指導する

先述した2つの局面では次のように指導します。

バスケットボールのシーン。子どもたちがボールを取りに行き戻ってきたら次のように言います。

「ボールを戻してきなさい」

ここで「なんでだよ！」と文句を口にする子もいますが、毅然《きぜん》と「早く戻してきなさい！」と言い放つ必要があります。教師のただならぬ覚悟を示すためです。さて、戻ってきたら子どもたちに問います。

「なぜ、ボールを戻せと言ったかわかりますか？」

ここで子どもたちから意見を出させます。出ないようでしたら教師の方から示せばよいのですが、まずは子どもたちを「試し」ます。子どもたちに良心が少しでもあるのなら「自分のことだけ考えていた」という答えが出るはずです。要するにボールを取りに行く様子が、自己中心的な行動だったことをおさえるのです。

次のように話します。

「体育というのは単に運動さえすればいいという時間ではありません。友だちと力を合わせて運動能力を高めていく時間なのです。今ボールを取りに行ったときに、みなさんは友だちのことを考えましたか？自分のことだけを考えていましたね。それではみんなで体育の授業をしている意味がありません。もう一度取りに行きます。どんなことに気をつけるかわかりますよね？」と言って、再度取りに行かせます。すると、今度は先に友だちのボールを取ってあげる子が出てくるはずです。

戻ってきたら、そのままスルーしてはいけません。子どもたちを集めて次のように言います。

「今ボールを取りに行ったときに立派な行いをした子がいますね。だれかわかりますか?」

そうすると「○○くんが友だちのボールを先に取ってあげてました」という「相互評価」が出されるはずです。

「そうですね。これが友だちを大切にする行為ですね。みなさん!拍手してください!」と言ってたたえます。これは片づけのときも同様です。教室に帰って真っ先に子どもたちに話すべきは「片づけのときに活躍していた友だちに気づきましたか?」ということです。

次に、ある特定の子にペアができないシーンです。これも子どもたちに問います。

「今ペアを作るときに、とっても気になったことがあります。それは何かわかりますか?」

ここでも子どもたちの方から考えを出させます。「自分たちさえペアが作れていたらいいのだ。最後まで残っている子がいてもかまわないのだ」ということを教えてはならないのです。

「あなたたちは1年間かけて、どのような学級にしたいのですか?」と聞いてみましょう。きっと「いじめのない明るいクラス」という言葉が出るはずです。あるいは教師が「いじめのあるクラスと、ないクラスとではどちらの方がいいですか?」と聞いてみてもいいでしょう。これも「いじめのないクラス」と言うはずです。「しかし、最後までペアの決まらない友だちを見て見ぬふりをしたではないか? いじめのないクラスを作りたいということと正反対のことだ。矛盾だ!」と問いつめます。そこで再度ペアを作り直しさせます。

もし強烈な差別意識が存在しているのなら、整列させて教師の方でペアを作ることも必要です。

いずれにせよ、「道具を取りに行かせる」「ペアを作る」2つの局面を見れば学級内にある人間関係が如実にわかるということを心して指導に当たるべきです。

6　道徳　担任の願いを伝える時間

道徳は「道徳教育の要」としてその役割が重視されています。担任教師としては外せない課題でもあります。

さて最初の時間は「とっておきの道徳授業」を行いましょう。これは副読本にある教材ではなく、自作資料がいいです。ノンフィクションの資料がいいですね。子どものハートに響く資料を提示します。

とはいえ若手の先生ではなかなか良い授業プランをもっていないことでしょう。そこで役立つのが『とっておきの道徳授業』(日本標準)です。小学校編、中学校編とそろっており、教師自身が惹《ひ》きつけられる授業が満載です。その中から選んでもいいでしょう。

私はここ数年高学年を受け持ったら実施する授業があります。紹介します。

授業名「左手一本のシュート」

これは『左手一本のシュート　夢あればこそ!　脳出血、右半身麻《ま》痺《ひ》からの復活』(島沢優子著、小学館)をもとに行った授業です。将来を嘱望されたバスケット選手の田中正幸くんが、脳出血の後遺症である右半身不随から復活し、インターハイ予選の試合で見事に左手1本でシュートを決めたという事実の紹介です。

本文全体は長いので、「将来を期待されていたこと」➡「突然の発病で半身不随になったこと」➡「あきらめずリハビリを続けたこと」➡「なんとか歩けるまでに回復したこと」など、要所を簡単に紹介していきます。

そのあと、「何か学んだことはありますか?」と聞くだけでいいでしょう。子どもたちからは「どんな困難があってもあきらめないことのすごさ」とか「仲間の大切さ」という言葉が必ず出てきます。そうして「今年1年間、みなさんもさまざまな困難に出あうでしょう。で

お〜っ！
楽しそうな授業が
いろいろ……！
これなら
子どもたちも
乗ってくれそう
ですね！
でしょ！
各教科
知的好奇心に
訴えかける工夫をして
子どもたちを
授業に引き込もう！
グッ
よーし
これで
はりきって
授業に臨めるぞ！
ちょっと……
その教材の量は
45分で
終わらないんじゃ……

も、そんなときこそ仲間と助け合っていきましょうね！」と締めくくるだけで十分です。ぜひ、お試しください。

道徳の授業はなにも副読本をなにがなんでも読まなければならないというものではありません。今、目の前の子どもたちに必要なことは何かを担任が把握し、担任教師自身が子どもたちに伝えたい！という熱い思いをもって授業を構成すればよいのです。毎週1時間の授業ではありますが、ノンフィクションの教材は子どもたちの心に確実に染みいっていきます。年度はじめにこそ感動的な道徳の授業で子どものハートをゲットしたいですね。

宿題
ていねいにやること

宿題で1年間積み重ねる学びはいろんなことができそうです。何を・どのくらい・点検はどうするかを決めていく、その規準をもちます。

6年生に対し、宿題をどれだけ出すかというのはこれもまた学級、学年、学校でちがってきます。校区の地域性にもよります。人数にもよります。ですから若手の先生はやはりほかの指導局面と同様に、まずはほかの学級と同じようにやってみることをお勧めします。

大切なのは、どんな宿題をどれだけ、そしてなぜ出すのかということを担任教師がきっちり説明できるかということ、そして子どもたちもそれを理解して宿題に取り組んでいるかどうかということです。

かつて私は、日々の宿題は出していませんでした。ただし長期休みにはどかんと多量に出していました。なぜか？　はっきり言って大きな理由はありませんでした。恣意的、気分次第だったと思います。これでは子どもたちに何の力もつかないばかりか、逆に要らぬ負担ばかりかけてしまいます。おまけに長期休み明けには宿題のチェックに追われてしまい、新学期のスタートがうまく切れないということになります。量が少なすぎると学級懇談会などで「先生、子どもが家で遊んでばかりいます。もっと宿題を出してください」と指摘されます。

また、保護者が要求するからといって毎日の宿題を多量に出してしまい、結果、子どもたちとの心の距離が遠のいてしまったこともあります。

そんな経験を経て、また、自分の力量にあわせて宿題の内容や量を決めていけばいいのですが、取り急ぎ、この時期には次のことを意識します。

①子どもの力でおおむね30分程度で終わることのできる量にする。

②学級のすきまの時間（課題を早くやり終えたあとの時間など。休憩時間ではない）にすることを認める。

③ていねいにやりきることを求める。雑ならやり直しさせる。

たとえば漢字練習です。次のようなノートの質を要求します。

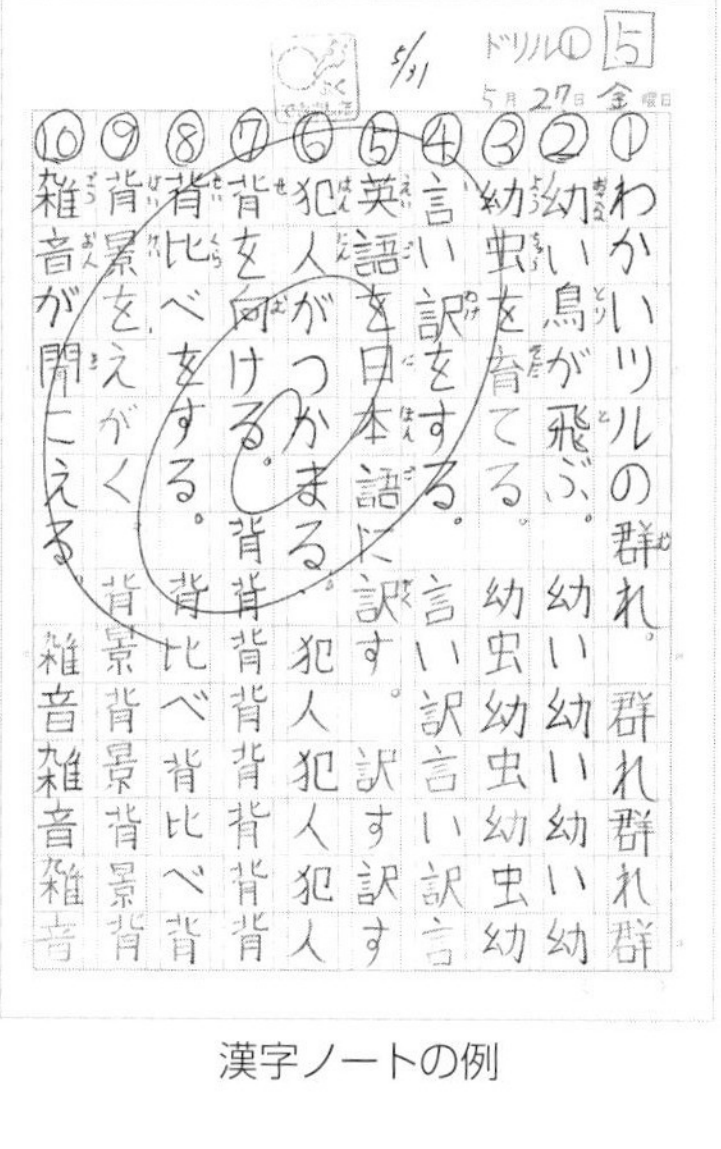

漢字ノートの例

10行の市販のノートに書かせます。多くの漢字ドリルは10問単位で練習問題が構成されているからです。

このドリルの場合、20問の問題があり、「ドリル1」10問、「ドリル2」10問に分かれています。たとえばドリル1をノートに写すと下方にいくつかのマス目が残ります。ここには可能な限り新出漢字を含む熟語を練習します。横に赤字で読みがなも書かせます。読みがなは最初の1回だけでいいでしょう。

朝いちばんにノートを提出させます。その際に次のように評価します。

A　所定の練習方法でていねいに書かれている。及第点。

B　やや雑。改善を求める。これが翌日もくり返されたらやり直しさせる。

『くりかえし漢字ドリル6年上』（日本標準）

C　問題外、即刻やり直し。

朝いちばんに評価を終えます。できれば最初の1カ月は毎日「A」の子の名前を呼んでほめてあげるといいです。

また、宿題を提出するのは、「締め切りを守ることは相手（この場合は担任教師）から信頼を得ることになる」という世の中の常識と宿題を課す意義を教えておきます。

それでも忘れる子がいますから、そのときは厳しく対応します。いろいろな方法がありますが、たとえば次のようなものです。

①まずは誰が忘れているか教師がチェックしておく。

②そのうえで、「全員起立！　名前を呼ばれた人から着席しなさい」と言い、出されたノートに記入された名前を読みあげていく。出していない子が立たされた状態になる。要はみんなの前で恥をかかせるのである。

③その後は「今、立っている人は廊下に出なさい。のこりの人は静かに自習していてください」

④廊下で忘れた理由を聞く。やむなき事情がある場合は叱らずに「釈放」するが、多くの場合は家での生活習慣のだらしなさが原因なので、そのいい加減さ、自分の弱さを叱る。どうするのか自分で言わせる。今すぐやらせてもいいし、翌日に提出でもいいが、必ず忘れずにやったかどうかチェックする。

学校生活
やらせきることと時間厳守

1日の生活リズムができると子どもたちは安心します。なにごとも最初が肝心。守ることをはっきりさせて、守らない場面を見のがしません。

あいさつ
——1日のはじまりはさわやかに元気よく

1日のはじまりはあいさつから始まります。このあいさつがいい加減だとその日1日がいい加減なものになっていきます。ですから、まずは大きな声であいさつできるように指導します。「6年生になるとなかなか大きな声を出さなくなる」という迷信があります。それを教師が認めてしまっている場合もあります。とんでもない話です。小学校でいちばん元気のいい大きな声が出るのが6年生のはずです。まずはできることは全力でやる！　その意気を教えるのです。

やり方は簡単です。朝いちばんにクラス全員で「おはようございます」というシーンがあるはずです。このときに元気があるのならいいのですが、6年生になると途端に小さくいい加減なあいさつになりがちです。そこで、教師が廊下に出ます。「今から私は外へ出ます。ドアも閉めます。その状態で私に聞こえるような声を出してごらんなさい」と言います。すると大きな声になるはずです。そこで今度は教室に戻り、「今、廊下にいる先生に聞こえるようにあいさつしてみましょう」と言います。大きな声であいさつができるは

「大きな声で あいさつすると 気持ちいいよ！」って あいさつの 指導には特に 力を入れているんだ！
高学年になると 恥ずかしがって 大きな声で あいさつできない 子も増えて くるじゃない？
あいさつなんてダセーよ！
モジモジ
そうじゃなくて 最高学年だからこそいちばん 元気に行こうぜって！
具体的には どうするん ですか？
廊下にいる私に 聞こえるくらいの 大声であいさつして みてください！
おはようございます！
こんな 感じで 大きな 声を出す感覚を 教えてるよ！
なるほど！
あいさつにかぎらず 学校生活の 基本はいつも 「ビシッと元気に！」
1日の流れを 見てみよう！
はい！

ずです。「大きな声であいさつしたらどんな気分ですか？」と数人に聞きます。おそらく「気持ちよかった」的な答えが出るでしょう。それでいいのです。「朝いちばんに大きな声であいさつすると気持ちいいね。1年間そんなすてきなあいさつをしていきましょうね！」と言います。

この時期、まずは出し惜しみせずに腹の底から大きな声を出すことが大切であることを、心地よさを体感させながら指導していくのです。

朝礼

最初の朝礼で、子どもたちの様子をじっと見ておきましょう。できれば後ろがいいでしょう。よそ見やおしゃべりをする子が目立つのでわかりやすいです。おそらく最初の朝礼では散々な様子がうかがえるはずです。

朝礼のたびに子どものそばに行って大声で怒っている教師がいますが、ハッキリ言ってプロのすることではありません。1回目は何も言わずに教室へ帰ります。子どもたちは朝礼など単なる時間つぶしとしか思っていない様子で自由気ままに教室へ戻るはずです。

教室に帰って次のように言います。

「今日君たちの朝礼での様子を見せてもらいました。1つ聞きます。みなさんは朝礼に何をしに行ったのですか？」

おそらく子どもたちはそんなことを聞かれたこともないので、きょとんとしているはずです。

「朝礼も立派な授業なのです。授業であるかぎりはなんらかの『力』をつけにいく場所なはずで

朝礼
まずは子どもたちの後ろに立って様子を見てみましょう
……どう?
ヒソヒソ
フフフ
ボーッ
ふあ〜〜
全然「ビシッ」としてない〜!!
ダッ
注意しなきゃ!
待って!
最初の朝礼のときはあえて何も言わないで戻ってから注意しましょう
みなさんは何をしに朝礼に行っているんですか?
朝礼も授業と同じ「力」をつけに行く場所ですよ
で、その「力」が何なのかは子どもたちに考えてもらうの!
3つの力
・あいさつを全力でする
・話す人を見て姿勢を正す
・おしゃべり・よそ見をしない
そうか自分たちで目標に気づいてもらうんですね!

す」。そして続けざまにこう言います。「朝礼で身につく力とはどんな力ですか?」

すると「話を聞く力」「姿勢をよくする力」「あいさつをきっちりする力」など、「理想とすべき姿」が子どもたちの方から出されるはずです。そうして、まずは次の3つを目標として確認します。

・あいさつを全力でする。
・話す人の方を見て姿勢を正す。
・おしゃべりやよそ見をしない。

この3つを黒板にでも書いておきます。そして「次の朝礼を楽しみにしています」と言ってその日の指導を終えます。

これだけで次の朝礼では大幅に改善された子どもたちの姿が見られるはずです。第I期においてはこの3つの目標がきっちりできるように指導していきます。

朝の会

朝の会は学級で独自性が認められている場合もあれば、学年や学校で統一という場合もあります。まずは「オーソドックス」なメニューを用意し、確実にやらせきることが大切です。

たとえば次のようなメニューにしたとしましょう。まずはこれらをどのような形式でやるのかをハッキリ示します。教師がお手本を示しても、誰かにやってもらってもいいでしょう。

大切なことは形式的にならず、何のためにやるのかを教師がしっかりもって指導することです。

冒頭で話した「哲学」をしっかり反映させるのです。具体的には次の点を意識しましょう。

①朝のあいさつ

起立のスピードと姿勢（素早くビシッと！）

礼の角度（45度の最敬礼）

着席のスピードと姿勢（素早くビシッと！）

②健康観察

返事の大きさ（気持ちのいい大きな声）

教師のテンポのよさ（1人に2秒程度）

③係からの連絡

前に出ての話し方（声の大きさ、姿勢）

聞き方（姿勢、視線、よい反応）

④1分間スピーチ

前に出ての話し方（声の大きさ、姿勢）

⑤先生からの連絡

聞き方（姿勢、視線、よい反応）

最初はこの程度を意識するだけでいいでしょう。そしてこれだけのことですが、全員にきっちりやらせきります。「やらせきる」とはダメな場合は毅然《きぜん》とやり直しをさせるということです。そして、できたらほめてあげるということです。

もう一つ大切なことがあります。それは時間厳守ということです。つまり朝の会が始まるのはいつであるかを子どもたちが理解して行動できるようにしておくことが大切です。

たとえば「担任教師が教室に入って姿勢を正したら日直が号令をかける」という決まりを徹底しておくのです。また「教師が来るまでは読書をし

て静かに待つ」という決まりも重要です。これによって朝の秩序を守らせるのです。規範意識を徹底する時期ともいえます。

　これらが守られていない場合は厳しく叱責《しっせき》します。数人ならば廊下に呼び出して叱ります。全体にダメな場合は「全員起立！　なぜ立たされたかわかりますか？」と問い、答えを出させます（全校朝礼のときと同じです）。そして「明日に期待しています」と終えて、翌日も評価します。できていたらほめてあげましょう。そうして子どもたちは何が望ましい行動かを理解していくのです。

休み時間

　若手の先生にとって休み時間は子どもたちとの信頼関係を構築する絶好のチャンスといえます。先生の持ち味を生かして思い切りコミュニケーションを図りましょう。

　運動が好きな先生なら、ドッジボールやサッカー、バレーボールなど、子どもたちが楽しくできるスポーツでつながりましょう。子どもたちが運動をやっている輪に入れてもらうもよし、「今日はいっしょに遊ぼうぜ！」と誘うのもよし。

　音楽が好きな先生なら、オルガンやギター、トランペットなど自分の得意技を教室に持ち込んで「ミニコンサート」を開きましょう。6年生とはいえ、本格的な楽器演奏ができる先生に畏敬の念をもつこと請け合いです。

　遊び好きの先生なら、教室にありとあらゆるゲームを持ち込みましょう。将棋やオセロゲーム、「UNO」、トランプなどのカードゲーム、けん玉

休み時間
休み時間はどうでもよくないですか？

ノンノン！超重要です!!

休み時間は……

子どもたちとの信頼関係を築く絶好のチャンス!!

ザッ!!

ツーン
BAD
近寄りがたい…

いつも職員室に引っ込んじゃう先生じゃなくて「遊んでくれる楽しい先生」になろう！約束してたよね？

遊びは球技でもカードゲームでもボードゲームでもなんでもよし！

先生ドッジボールやろう！

よっしゃ！

GOOD!

わ〜

ボクはスポーツが好きだからサッカーやろうかな！

ドッジボールもいいな〜

休み時間を子どもと過ごすことにはもう一つメリットがあって……


などです。最近は100円ショップで安いゲームがたくさん購入できますので、年度はじめにたくさんそろえておくといいでしょう。また、お薦めは「早押しピンポンブー」です。これはクイズなどに使えて、しかも6人が一斉に参加できる優れものです。

先生の趣味や趣向がどうであれ、いっしょに楽しい時間を共有することが大切です。こうなると子どもたちにとって学校は楽しくて仕方ない空間になります。「休み時間に友だちと先生と楽しく遊べる！」そう思ってもらえるのです。数千円の出費など、なんてことはありません。

また、この程度の「投資」をしない学級では、当然「ローリターン」になります（遊園地にはアトラクションがたくさんある方が楽しいですよね！）若手教師にとってこのような「教室環境」を整えることはいちばん手っ取り早い「力量形成」であるといってもいいでしょう。

ただ、そのような楽しい時間を共有しながら、次のことだけは頭の隅においておきましょう。

学級すべての子と楽しい時間を共有できたか？

楽しく遊んでいるときに、いっしょにいるメンバーの顔をよく見てみましょう。いつも同じ場所に同じ子がいませんか？　休み時間に顔を見ない子はいませんか？　もっというと、1日でひと言も話をしなかった子はいませんか？

もし、そのような子がいたら、翌日からは意識的に声かけをしてみましょう。できれば同じ遊びの輪の中に呼んであげましょう。もしかしたら断

それは教室でいつも遊びに加わってこない子を見つけられるってこと
あの子今日もひとり……
そういう子には意識的に声をかけてあげましょう
UNOいっしょにやらない？
「気にかけているよ」ってサインを送ってあげることが大事だよ
そして
教室移動
特別教室や体育館などへの移動は「しゃべらず　素早く！」
ガタッ
① 素早く起立していすを入れる
② 素早く廊下に無言で整列
ピシッ
③ 無言で移動！
サッサッサッ

られるかもしれませんが、呼んでもらってうれしくない子はいません。シャイな性格なのかもしれません。呼び続けてあげましょう。コミュニケーションが苦手な子にとってはそのようなさり気ない呼びかけだけでも心に響いているかもしれないからです。焦らないでかまいません。まだ、新学期が始まったばかりなのです。まだ1年あるのです。じっくりでも確実に子どもたちとの距離を縮めていきましょう。

帰りの会

帰りの会も朝の会と同様、まずは先輩に教えてもらったメニューで一度やってみることをお勧めします。いろいろな内容がありますが、たとえば次のようなものがオーソドックスでしょう。これもまずは具体的なイメージ（評価規準）をもってやらせきることが大切です。たとえば次のようなイメージです。

①係からの連絡
前に出ての話し方（声の大きさ、姿勢）
聞き方（姿勢、視線、よい反応）

②今日の出来事（うれしかったことなど）
前に出ての話し方（声の大きさ、姿勢）
聞き方（姿勢、視線、よい反応）

ただし、いやだったことなどネガティブな内容は発表させない方がいいです。いやな雰囲気で1日を終えることになります。そのような問題は発生した時点で解決していくべきです。人間関係の

このときも
ダラダラ動いてたり
しゃべったりしてたら
すぐにキッチリやり直し
させる……
わかってきた？
戻って教室からやり直し！
ええっ
ずっと見逃してたのに
いきなり厳しくしたら
子どもたちが混乱するから
ですよね
序盤の指導が
重要なんですね！
数日後……
おはよう
ございます！
おはようございます!!
ビリビリ
おは…
わー
2組の声ここまで聞こえる
元気だねー
あきら先生
やってるわね……！

ゴタゴタを抱えたまま帰りの会まで待つというのはクラスの精神衛生上よろしくありません。

③歌

表情豊かに。

大きく元気な声で。

④先生から連絡

聞き方（姿勢、視線、よい反応）

⑤あいさつ

起立のスピードと姿勢（素早くビシッと！）

礼の角度（45度の最敬礼）

椅子入れのスピード（素早く！）

子どもたちが育ってきたら、次のレベルへ移行します。これについては第Ⅱ期のところで紹介します。

他教室への移動

6年生になると、音楽や家庭科は廊下に整列して特別教室へ移動することになります。このようなときに何も指導しないで放っておくと、ダラダラとしゃべりながらのみっともない移動になってしまうことになります。次のことを指導します。

素早く起立して椅子を入れる。

⬇素早く廊下に無言で整列する。

⬇無言で移動する。

これだけですが、もしできていなければやり直しさせます。はじめに指導者があるべき姿をきちんと教えることです。

当番活動
役割分担をきっちりと

給食当番と掃除当番。役割と担当を決めて、一人ひとりが自分の仕事に集中できる環境をつくりあげます。さて、子どもたちはどう活動するか、実態をつかみます。

あきら先生　当番活動はうまくいっている？
クルクル
そうじ当番
そうですね　給食当番は最近やっとサマになってきました！
とりあえず今はオーソドックスな当番制でやってるんですが
当番は生活班で分けて一週間交代
当番の子たちの給食は近くの班の子が取りに行く……って感じですね
各々が自分の分の給食をもらって受け取った子はいただきますまで待機

当番活動といえば主に給食当番と掃除当番でしょう。これもほかの学級と足並みをそろえる必要もあるかもしれませんね。もしその必要がなかったとしても、まずはオーソドックスな方法を試してみることをお勧めします。そして現在の子どもたちの到達度を測るとともに、基本的な役割分担をきっちりさせることを指導し、そのうえで第Ⅱ期以降にレベルアップを図っていきたいものです。

　では、まずオーソドックスな当番活動の実際と指導の要諦を紹介します。

給食当番

　多くの学校では41ページで紹介したような当番分担表が使用されています。生活班などで1週間交代で行うことが多いです。当番の子はエプロンを渡され、配膳時に着用します。ほかの子は順番に配膳台に並べられたメニューを自分の分だけ取っていきます。取り終わったら席について読書するなど、静かに待つことにしておきます。当番の子の分は近くの子が代わりに取りにいってあげることにしておきます。

会食

全員の配膳が終わり、当番もエプロンを着替え終えたら、日直が前に出て「いただきます」の号令をかけて食べ始めます。

食事中は楽しく会話しながら食べてもいいですが、宴会ではないので程度をわきまえるように指導しておきましょう。給食時の放送がかかるところが多いですが、「放送が聞こえるくらいの小さな声で話しましょう」と指導しておきます。

食後

食べ終わったら食器を静かに返します。歯磨きをする場合もありますし、牛乳びんを洗ったり、紙パックを開いて洗ったりする場合もあります。いずれにせよ、席に戻った後の過ごし方もきっちり指導しておく必要があります。読書やその日の課題などをすることにしておくとよいでしょう。

おしゃべり禁止タイム

給食終了10分前になったら「おしゃべり禁止タイム」にします。教師が宣言してもいいですし、日直や担当の子が言ってもいいでしょう。

6年生とはいえ、子どもたちはおしゃべりが大好きです。ともすれば会話に夢中になりすぎて、食事がおろそかになり、結果時間内に食べ終われないことがあります。会食では全員が時間内に食べ終わるのがマナーだよと教えましょう。その後に食器を洗ってくださる給食調理員さんたちに迷惑をかけますし、当番も片づけが終わらず昼休みを迎えられません。

……って
大騒ぎで
6年生になると食べ盛りに入ってくるからね～
私のクラスではね
ふふふ
まず減らしたい人!!
いますか?
ハーイ
ハーイ
ではおわんを持ってきてください
次に増やしたい人?
ハイハーイ!
先生が給食の量をあらかじめ調節してから食べはじめるルールにしてるよ
カラ
こうすれば足りなくてもめることも
食べきれない子が残すこともないでしょう?
たしかに!

このタイムを導入することで、最後の10分は黙って食事に集中させます。「そもそも食事中はおしゃべりをせず黙々と心づくしの料理をいただくもの。それも味気ないので多少の会話を許しているだけだ」くらいの指導でちょうどいいのです。

増減・お代わりのシステム

重要なのがこのシステムです。きっちり決めておかないとボス的存在の子が「暴君」となり、好き勝手にやりかねません。そもそも給食は「お金」です。保護者が汗水たらして働いて、我が子がお昼からがんばる栄養源のために毎月納入してくださるのが給食費です。デザート1個、牛乳1本にも貴重なお金が使われているという認識に立ち、子どもたちに勝手はさせません（子どもたちに教材費などを自由にやりとりさせませんよね？）。

量の増減は教師がやるべし。あらかじめ「減らしたい子」と聞いて常識の範囲内で減らします。次に「増やしたい子」と聞いて、増やします。最後に食缶が空になればいいでしょう。きらいな物をいつまでも食べさせようとしているのを見かけますが、あまりお勧めできません。掃除時間まで食べさせて、結果汚く残してしまうのなら食べられる子に食べてもらったほうがいいです。

また、デザートなどの取り合いを大声でさせている学級がありますが、ハッキリ言って「教育者失格」です。自分の分があるのに、それ以上のものを争って取り合うようなさもしいマネを子どもにさせるべきではありません。たとえばその

日、野菜などの不人気なメニューをお代わりした子に優先権を与えるとよいでしょう。まちがっても好きな物だけ食べ、おいしいデザートにもありつけるなどという「甘い」状況を設定してはなりません。

清掃指導

これも生活班ごとに1週間あるいは1カ月交代で行われることが多いです。まずはこのシステムで子どもたちにやらせてみます。教師がお手本を示すためにいっしょにやってもいいですが、時折自分のクラスの担当する区域を見回ることも大切です。

おそらくあまり時を経ずして「さぼり」「手抜き」を目の当たりにすることになるでしょう。まずはその状況をご覧ください。そして、教師が叱《しっ》責《せき》するとか反省会をするとかして、なんとか真剣に掃除をするように指導してください。きっと「絶望感」を感じることでしょう。ではその後はどうするのか？ それは第Ⅱ期のところで紹介します。画期的な打開策があります。

※清掃のとき、三角巾をするかどうかはいろいろな指導が考えられます。三角巾をする場合には、しっかりと着用するよう、ご指導ください。

学校行事
意欲的に動く

学校行事のなかでも運動会は一大イベント。最高学年として、求められる役割も多くあります。協調性・主体性、育てたいことを子どもたちに伝えます。

6年生にとっての学校行事は小学校生活最後のものであり、他学年とはちがった意味合いをもちます。すなわち、学校のリーダーとして、あるいは6年間の学校生活の総決算として集大成的な成果を求められます。

この点を意識して、単なる学校行事の消化に終わらぬよう、「哲学」を意識してしっかり指導していきたいものです。

運動会

昔は運動会といえば秋でしたが、最近では春シーズンに行う学校も増えてきました。いずれにせよ最高学年としての動きが求められます。意欲的に動ける子どもたちを育てていきましょう。これが第Ⅱ期以降のほかの学校行事にもつながってきます。

練習への参加姿勢

多くの学校ではマーチングや組み体操などの学校の「メインイベント」的な演技に取り組むはずです。教師にとっては短い練習時間で完成度の高いパフォーマンスを見せなければならないので必死の指導になります。これはベテランの教師にも

多いのですが、とにかく怒鳴りまくって子どもたちを無理に動かそうとしがちです。こうなると子どもたちにとっては「やらされる苦行」となってしまい、なんとか本番を迎えたものの、子どもたちの鬱憤《うっぷん》が運動会終了後に爆発というケースも珍しくはありません。

大切なのはこの運動会練習が子どもたちにとってどんな意味があるのかをきっちり指導することです。

私は今から15年前、教職10年目の年に、群馬の深澤久氏の運動会の指導を参観しました。学年は5年生、人数は120名あまり。日本舞踊に取り組んでいました。

その深澤氏が演技指導前に必ず子どもたちに問うことがあるそうです。それは、

なぜ本番15分程度の演技のためにその100倍近い時間をかけて練習するのか?

という問いです。

私はこの問いを聞いたときにかなりの衝撃をうけました。衝撃というよりも「そうか!」というパラダイム転換かもしれません。私はこの問いをもとに自分なりに子どもたちに指導を行いました（よって深澤氏の指導とは返し方がちがいます）。以下、私の指導です。

子どもたちはこの問いに対し、「いい演技を見せるため」「本番でミスしないため」などと答えます。「やはり!」と私はほくそ笑みます。ここで次のように返します。

そうだよなあ ここんとこ ずっと 運動会の 練習だもんな
先生！
みんな！ なんで本番たった 15分のために
その100倍近い 時間をかけて 練習するんだと 思う？
えぇ～!?
ざわ ざわ…
う～ん…
お父さんお母さんに カッコイイ演技を 見てもらうため…… ですか？
失敗したら はずかしい から……？
うん うん…
ニヤリ
でも それだったら もっとカンタンで 覚えやすい演目にすれば いいよね？
ソーラン節は むずかしいから 今から ラジオ体操に 変更しようか？
う…
先生は
今一生懸命練習して いることの最終目的は 「みんなが将来立派に 生きていくこと」だと 思うんです
!?
?

「ならばもっと簡単な演技でいいじゃないですか？　アンパンマン体操とか？（笑）ラジオ体操でもいい。本番の100倍の時間をかける必要もありません」。こう言うともう子どもたちは反論できません。そこでヒントです。

「運動会は最終目的ではないのです。最終目的は君たちが将来社会の中で立派に生きていくことです。ですから運動会が終わってもその後の生活に生きてくる力を身につける必要があるのです」

そして聞きます。「運動会を通じてみなさんにはどんな力が身につきますか？」

すると「我慢する力」「協力する力」「困難に立ち向かう力」などの子どもたちなりの意見が出されます。できれば板書するといいでしょう。

「そうです。たとえば組み体操では暑さや痛さに耐えながらみんなで一つの大きな技を成し遂げるのですね。そんな体験は一生のうちでそう何度もあることではありません。暑さ、痛さを乗り越え、そして仲間と困難を乗り越えていく。その経験は将来いろんな人たちといろんなことに挑戦していく君たちにとってかけがえのない財産になります。いろいろつらく苦しいこともあるでしょう。でもいっしょに乗り越えていこう。それらの困難が君たちをたくましくします。そして困難が大きいほど、君たちの団結力は高まっていきます。先生方も真剣にやります。みんなもどうか真剣にチャレンジしてください。君たちならやれる！　信じています」

このような熱い語りで子どもたちに今、困難に立ち向かっていくことの意義を伝えましょう。

※深澤久氏の実践を参考にしています。

６年生ならメッセージを純粋に受け止めてくれます。安全面に配慮するのは当然のことです。

たとえば集合時間

こう語った後、最初の練習に臨むわけですが、多くの場合、開始のチャイムが鳴っても、子どもたちはダラダラしていることでしょう。そして教師が笛を吹くなどして注意を喚起するまでは、おしゃべりなど勝手なことをしているはずです。

ここで教師はきっちり指導しなければなりません。私なら要旨、次のように言います。

「さっき私が何と言ったか覚えているか？　組み体操は将来役に立つ力を身につけるためにやるのだ。１つ聞く。授業開始の時間がきたら、どのように待っているべきなのか？」こう聞くとおそらく「整列して静かに待っておく」という「模範解答」が出るはずです。「では今、そのように待っていた人は立ちなさい」と聞くと誰も立ち上がれません。「君たちの本番に備える力とはこの程度のものです。結局は先生に言われてからいやいややるのだ。それでは絶対にいい演技などできない。やめた方がいい。聞きます。組み体操や運動会を通じて将来役に立つ力を身につけたいと思っている人は立ちなさい。その人たちとだけでやりたいと思います」。そう言って起立させます。この時点で緊張感が漂っています。そのまま練習を開始します。もちろん次の時間にどのように開始を待っているのかきっちり評価します。もし、言った通りにちゃんとできていたら思い切りほめてあげましょう。

第Ⅱ期　指導中期

理想イメージを上げて指導法を変えていく

そうか～
ちゃんと授業
できている気が
してたけど
ぼくのクラス
まだまだだ！
課題が見えて
きたぞ……

教師の「哲学」ある指導が奏功しはじめると子どもたちはさまざまな局面で「育った」姿を見せてくれるようになります。

たとえば授業態度です。

たとえば給食の準備です。

たとえば掃除当番の仕事です。

たとえば帰りの会です。

たとえば全校朝礼の過ごし方です。

朝、登校して夕方下校するまでの1分1秒のこらずにおいて教師の指導意図を理解した動きを見せてくれるようになります。

ベテランでもなかなか難しい「境地」ではありますが、若い先生でもその域に達することは十分可能です。まずは、ここまで高めていきましょう。子どもたちの伸びしろは無限です！

授業
子どもをつなぐ

教師と子どもの関係とともに大事な子ども同士の関係。授業で子ども同士をつなぐ仕掛けがあります。すべての授業を通して、子どもをつなぐことを意識します。

第Ⅰ期では子どもたちとの信頼関係構築と教師の知的権威確立のために、必要な授業の情報を教科別に紹介しました。子どもたちにとって授業が心地よく学べる時間となってきたら、おのずから信頼関係は強固に結ばれていくことになります。「子どもたちがこちらを見てくれるようになった！」と手応えを感じたら、次のレベルへと移行します。そのための具体的な手だてを紹介します。

授業開始時の規律を明確にする

チャイムについて教えましょう。子どもたちには「チャイムの最後の音を『ラストコール』という、そのラストコールの余韻が消えたと同時に授業を開始するのだ」と告げます。

その開始はいかにあるべきか。たとえば日直の号令とともに暗唱を始めることにしておきます。教材はすでに暗唱できるようになっている教材でもいいですし、まさに今、覚えようとしているものでもかまいません。次のように始まります。

日直「一同起立！　春暁《しゅんぎょう》！」
全員「春暁！　孟浩然《もうこうねん》！……」

この後、いくつ暗唱を続けるかは時と場合によりますが、3~5編くらいがいいでしょう。そうすることによって遅れてきた子が授業に合流していけますし、教師も授業への準備を整える短い時間を確保できます（たとえば黒板の消し忘れや配付するプリントの確認などです）。授業が始まってから、それらの「微調整」をすると、ほんの少し「空白の時間」が生じます。実は、この時間が授業のテンポを鈍らせるのです。排していくべきものです。

着席時とともに授業へ突入

英語に"as soon as ～"というイディオムがあります。「～するや否や」という意味です。これにならうなら「着席するや否や」授業を開始しましょう。第I期で述べたように、授業開始からしばらくの授業メニューは決まっています。子どもたちに見通しをつけさせ、集中力を高めることがねらいですが、そうであるなら子どもたちには「教師に言われるまでもなく、次にすることを次々準備していきなさい」と指導しましょう。よって、着席と同時に授業を開始するためには「休み時間から授業の準備をしておく」ことを指導します。

たとえば国語なら、その日学習するであろう教科書のページ、使用するドリルのページ、ノート、筆記用具を机上にセットしてから休み時間にするのです（この重要性については大阪の金大竜《きむてりょん》氏から学びました）。そうすることによって"as soon as ～"の素早さで授業を展開していけるようになります。時間の無駄がなくなります。授

業のテンポがよくなります。

一斉授業でもアクティブ・ラーニングでも

授業の形態にはいろいろなものがあります。しかし、どの授業形態がいいかは時と場合によってちがってきます。

これは野球でいうなら「ヒッティングがいいか？　バントがいいか？」という問いに似ています。野球にくわしい人に聞いてみればいいでしょう。「ヒッティングとバントのどっちがいいかって？　そんなの時と場合によるよ！」と言われるにちがいありません。授業形態というのはあくまで戦術論の1つです。授業というものを学級経営の根幹と捉えるなら、まさにそれは戦略論です。どのような学級にしたいと思って、どのような授業をするのかは規定されます。その過程においてはさまざまな力を子どもたちにつけさせていく必要があります。時にはしっかり話を聞き、自分に落とし込んでいく力を身につけさせたいでしょう。時には友だちとよいコミュニケーションをとる力を身につけさせたいでしょう。その過程において、教師がどのようなねらいをもつかによって、授業形態はおのずから変わってくるはずです。それゆえ、「哲学」が大切になってくるわけです。流行に惑わされることなく、確固たる信念をもって指導にあたりましょう。

大切なのは子ども同士の人間関係構築

さまざまな授業形態を選んだとしても、大切なのは授業という営みを通じて子ども同士がどのよ

うにつながっていくかということです。

たとえば一斉授業の場合、教師がひとりの子を指名して発言させます。この数秒の間、ほかの子どもたちはどのような状態でいるべきなのでしょうか？　端的にいえば「授業に参加しているべき」なのです。では、授業に参加している子どもならどのような聞き方をすべきなのでしょうか？

これが本書32ページで述べた「3つの『く』」の状態です（「向く」「うなずく」「書く」の3つです）。これを徹底できているかチェックしてください。できていなければ再度その重要性を教えてください。

たとえばアクティブ・ラーニング、なかでも「ペア学習」の場合。子どもたちはどのような状態でいるのがいいのでしょう。子どもたちはよい表情で、相手が理解しやすい立ち位置で、反応を見ながら話していますか？　ともすれば一方的に話を押しつけてペア学習と思っている子どもや教師がいますが、それでは形式的な冷たい人間関係をつくってしまうことになります。「活動があって指導がない」状況の典型です。

教師がもし「相手を思いやる子どもを育てたい」と思っているのなら、その子どもたちの姿で「理想像」といえるのか、常に自問自答していかねばなりません。

第Ⅱ期においては、先述のように子どもたち同士のあるべき姿＝理想像を徹底して定着させていきましょう。たとえ、どのような授業形態を選択したとしてもです。

宿題
1ミリメートルの努力

継続することが大切なのはわかっているけれど難しい。でも、1日1日、昨日とちがう自分を喜べたら続けられる。努力を続けられる視点があります。

第Ⅰ期ではまずはていねいにやることを指導しましたが、おおむねできるようになったと感じたら次のレベルへ移行させます。第Ⅰ期で紹介した漢字ノートの指導を例にとります。ポイントは、プラス1ミリメートルの努力をするということです。

漢字ノートは次のようになります。

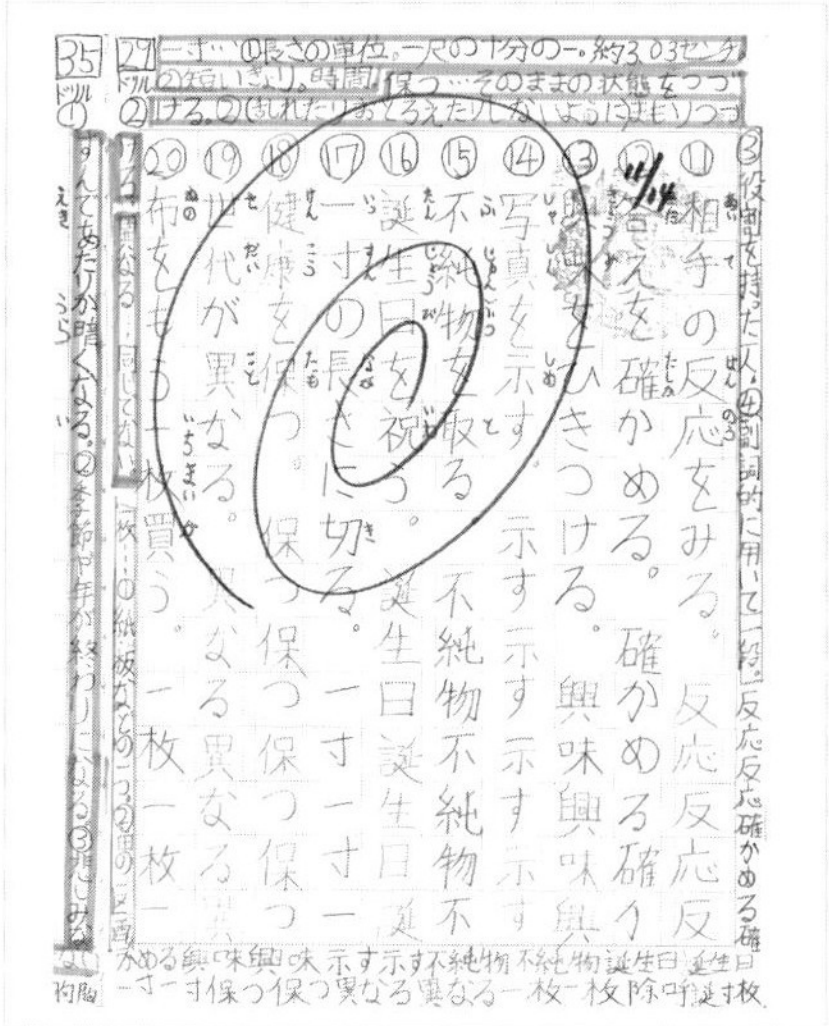

第Ⅱ期の漢字ノートの例

これはノートの隙間（空白）を埋めるというものです。その日に学習した漢字ドリルの例文にある言葉のいくつかを取りあげ、辞書で意味を調べ

その日習った漢字の例文で使われている言葉を意味調べさせているの！
漢字ノート
なんでまたそんなことを……？
うわー 1ページに10個も意味調べ…！
・語彙力を増やしてほしい
・辞書を引く力をつけてほしい
いろいろあるけど……いちばん考えているのは「昨日の自分を超えてほしい」ってのがあるかな！

昨日の自分？

ほら見て！

たとえばこの子ノートの最初は毎日1つしか意味調べしてなかったの
でも今日は10個も調べてる！

自分でどんどん調べる数を増やしてるんだ！すごいなー！

毎日少しずつ努力の量を増やしていけば1年後大きな力がつく……

いいですね！ボクのクラスでもやってみよう！

次の日
さてどうかな？

パラ
お願いします

させてノートの隙間（空白）に書かせるのです。

いきなり10個も調べさせるのは厳しいです。まずは1個だけ調べて書かせます。子どもたちには次のように言います。

「今日という日は残りの人生の最初の日です。人生で最高の力を発揮できる日なのです。それなのに昨日と同じレベルでは成長がありません。少しでも昨日の自分を超える努力をしましょう。まずは漢字ノートで昨日の自分を更新します。漢字ドリルの例文にある言葉の中から1つ選び、辞書でその意味を調べて、ノートの隙間にきれいに書いてきなさい。10個もやらなくていいのです。1つだけです」

ここで大切なのは1つでいいということです。何人かは2つ3つとやってくるでしょうから、それは「自分に厳しいね。すごいね！」とほめてあげます。

翌日、ノートをチェックします。そして、できていればしっかり評価してあげます。「よくできました」のハンコでもいいし、"good"と赤ペンで記入するだけでもいいでしょう。

そして、次のように言います。

「さあ、昨日は1個でしたね。今日は2個の意味調べにチャレンジしましょう。昨日の自分を超えましょう」

そうして、徐々にでも確実に意味調べの数を増やしていきます。10日後には10個の意味調べをしてくるようになります。ノートの隙間はびっしり辞書にあった言葉で埋め尽くされることになります。

この指導には次の利点があります。

①語彙力を増やせる。
②正しい日本語を視写できる。
③辞書を引く力が伸びる。
④少しずつ努力し続けることの大切さを実感できる。

1日に10個、意味調べをするようになって、それを100日継続したら1000個の意味調べをすることになります。半年で1000個調べた子と、0個の子とではどちらの方が語彙力は伸びるでしょうか？　言うまでもありませんね。教科書では3年生時に数時間その扱いを学習するだけですが、そんな短時間で語彙力が伸びるはずがありません。毎日継続することが大切です。

さて、ここまで指導したら、さらに上をめざします。それは次の2点です。

①さらにきれいにまとめる。
②さらに多くの言葉を調べさせる。

①について。子どもたちには「宿題をするのではない。作品を作るつもりでやってきなさい」と言います。たとえば見出し語は赤色を使って書くとか、ものさしを使って書くなどのような指導を付け加えます。

②について。もはやノートのスペースは限界です。どうするか？　ノートに紙を貼り付けるのです。その紙にびっしり書いてくるのです。

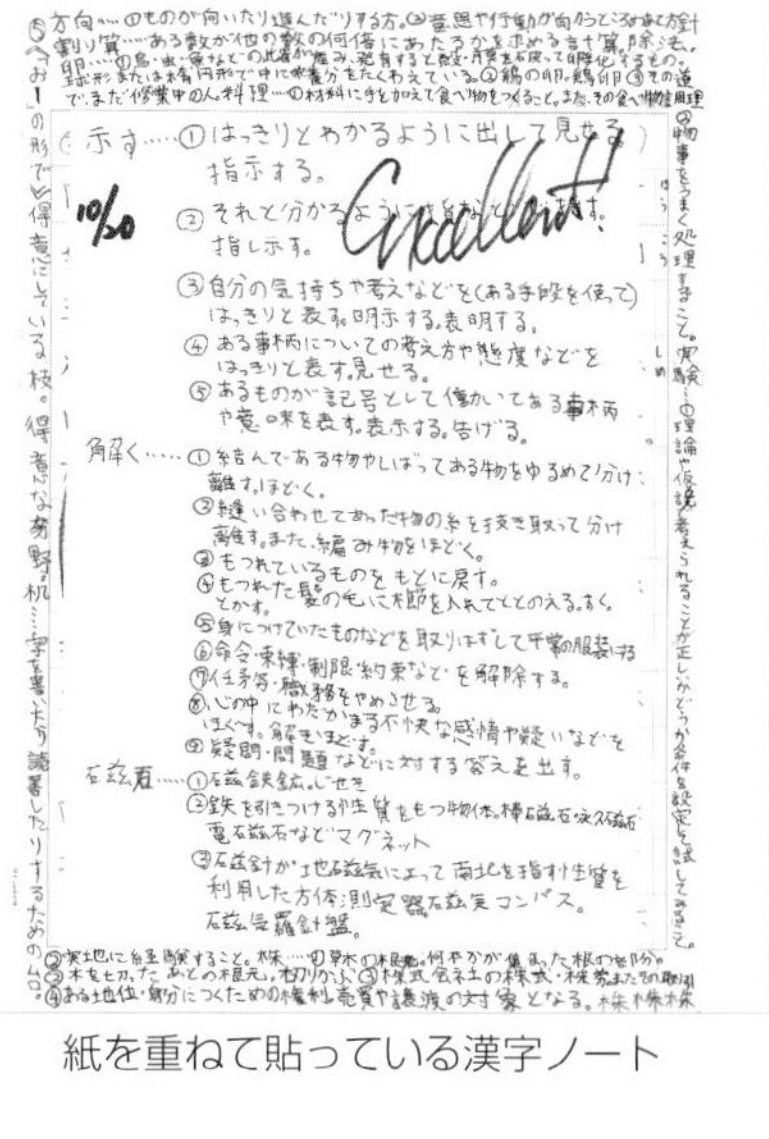

紙を重ねて貼っている漢字ノート

こうして漢字ノートの指導もある一定のレベルをクリアしたら、さらに上のレベルへとどんどん引き上げていきます。子どもたちの伸びは青天井なのです。

学校生活
ワンランク上へ

あいさつをレベルアップさせるために意識させること、声の大きさ・姿勢・あいさつをする場面、あいさつを極めます。

あいさつ
――さらにていねいな動きを！

第Ⅰ期ではとにかく元気な声を出すことを指導します。さて、気持ちのよい声が出るようになったら、次は姿勢を指導します。いろいろなあいさつがありますが、指導したいのは「分離礼」と呼ばれるものです。これはあいさつの声出しと最敬礼とを分離して行うものです。

よく見かけるのが声出しと最敬礼とを同時に行うあいさつです。これでは地面にあいさつをすることになります。ワンランク上のあいさつとして、相手意識をもったあいさつの仕方を指導しましょう。

朝礼
――教師の号令以前にできること

第Ⅰ期では朝礼に参加する際の基本的な態度を指導しました。これがほぼできるようになったら、さらに自発的な姿勢を求める指導に移ります。

多くの学校では朝礼で、週番や担当の教師が「前にならえ」という号令を発します。これで大勢の人間が一斉に話を聞きやすい間隔をとれるようになります。

う〜ん
元気なのは
いいけど
もうちょっと
ていねいに……
ワンランク上の
あいさつを
めざしたい
わよね
あきら先生は
「分離礼」って
知ってる?
分離礼?
見てて
①
おはようございます!
②
ス
③
ゆーーっくり
戻る
……っと
こんな感じに
声出しと敬礼を
分けて行う
礼のことよ
あきら先生の
やり方だと地面に
あいさつしてる
みたいでしょ
おはようございます!!
……
へーっ
カッコイイ!
うちのクラスでも
やってみます!

ところが、6年生にもなって、こんな号令がかからないと適当な間隔がとれないのか？という考えに立ってみるのです。

全校朝礼は多くの場合、運動場で行われるでしょう。開始時間までに外へ出て整列しておくことも、もちろん大切です。でも、子どもたちに「時間までに運動場へ出るのですよ」としか指導していないと、そこで子どもたちの思考はストップしてしまいます。「時間までに出ておくこと」＝ゴールだと教えてしまったからです。そうではなく、並んだあとにあいさつやお話が始まるまでにどのような状態であるかもイメージさせておきましょう。その際に「『前にならえ』などの号令を発せられる前に、あいさつや話を聞ける状態」を自分たちで整えておくのです。

具体的な指導法は朝礼のあと、教室に戻ってから行います。

「今日みなさんの様子を見せてもらいました。週番の先生が『前にならえ』と号令をかけたあと、1歩でも動いた人はいますか？」と問います。ほとんどの子が挙手するでしょう。そこで次のように問います。

「朝礼で話を聞くための適当な間隔を取るのに、号令をかけられてから初めて動く人と、言われなくても動く人とでは、どちらの方がいいでしょうか？」

子どもたちの答えはもちろん「後者」となるでしょう。そこで、

「では、次の時間に1センチも動かなくていいように並べたらすごいね」とだけ言っておきま

……というわけで今日からこの「分離礼」であいさつしてみましょう
起立！
ガタガタッ
おはようございます！
おはようございます!!
ペコ…
たしかにこのあいさつだと目の前の人に言ってる感じがしていいね！
こんど廊下で先生に会ったときも分離礼やってみよ！
なんかうちのクラスってみんな素直だし元気でいいクラスだな〜
ワイ
ワイ
休み時間
キーンコーンカーンコーン

す。これだけで整列してからの子どもたちの姿は変わってきます。つまり、「次に何をすべきか」を考えて行動できるようになるのです。

朝の会
——1日の始まりをハイテンションで

第Ⅰ期ではオーソドックスな朝の会のメニューを通じて、規範意識をつくることを主眼に起きましたが、それができるようになったら、次は1日のはじまりに有効なメニューに変えていきましょう。スポーツチームが試合前に気合を入れるようなイメージです。次のようなメニューで進めます。

①あいさつ（先生と、友だちと2方向で）
②校歌斉唱
③暗唱（3〜5編ほど）
④締めのあいさつ（教室の中央を向いて「今日も1日よろしくお願いします！」）

このあと、いきなり1時間目に突入するのです。

休み時間
——子どもの居場所の確認を

そろそろ人間関係もこなれてきて小集団ができてくる頃です。子どもたちの人間関係が如実に現れるのが休み時間です。

若い先生はやはり子どもたちと大いに遊んで信頼関係を構築してください（私は今50歳ですが、毎時間、子どもたちと遊んでいます）。しかし、一つだけ心しておいてほしいことは、休み時間は

教師にとって子どもウオッチングの時間だということです。誰と誰がどんな遊びをどこでしているか？　把握することを忘れないでいてください。1週間ほど観察してみて、どこにいるかわからない子がいたら要注意です。なにか人間関係のトラブルを抱えているかもしれません。そのようなときにも早めに対応することができます。私は、たとえば運動場へ行くときには校舎内をぐるっと1周して出ることにしています。校舎のすみっこで、こそこそしている女子グループがいたら、もう黄色信号と思ってください。アンテナを張りめぐらせて、次に起こるであろう事態を予測し、情報収集に努めてください。

帰りの会——短時間で素早く気持ちよく

次のメニューで終わります。起立のスピードを速くして、さらに校歌の声量を大きく美しくします。

①起立⬇校歌斉唱
②あいさつ（となりのペア、教室の中央を向いて全員⬇先生と）

他教室への移動

第Ⅰ期で示した3つのポイント「素早い椅子入れ」「無言整列」「移動開始」を徹底します。ストップウオッチで時間を計り、1秒でも短縮できるように指導します。タイムは黒板に書いておくなどして意識を高めます。

当番活動 レベルアップをはかる

給食当番と掃除当番。子どもの実態をつかんだら、レベルアップのために仕掛けます。本気にさせる。本気にならざるを得ないように迫ります。

学級経営がうまくいっているかどうかを見極める一つの方法が当番活動での子どもたちの動きだといえるでしょう。なぜなら当番活動は「みんなのためにどれだけ動けるか」が如実に現れる局面であり、また教師の監視の目が授業よりもゆるくならざるを得ず、よって手を抜こうと思えばできるからです。逆にいえば、この局面でけなげに全力で動ける子どもたちを育てていれば、授業時間はまず大きく崩れることはないといってよいでしょう。

第Ⅰ期でオーソドックスな当番活動を指導したら、次のレベルに引き上げましょう。

給食当番 ——自分さえよかったらいいの？

第Ⅰ期でも指導したオーソドックスな方法は日本の多くの学校で実施されていますが、これには大きな欠陥があります。それは「自分の分さえ準備すればいい」という考えを強化してしまう危険性がある点です。

「哲学」を「他の人を思いやる」ことに設定するなら、給食の時間のいわゆるカフェテリア形式に違和感があるはずです。自分の配膳を終えて、

自席に戻る。その間、当番の子たちはせっせと準備をしている。このようなことが学校現場では「常識」とされているところに日本の道徳教育の弱さを見ることができます。

　考えてみてください。我々教師集団はたとえば運動会の準備や片づけをするときに、自分の仕事だけ終えてよしとしますか？　自分の分担が終わったら、ほかのまだ終わってない場所に駆けつけませんか？　それは教師に限らず、チームで仕事をする業種には共通でいえることのはずです。「自分の仕事さえしていればいいんだ」という職場があるかもしれませんが、少なくとも私はそんなところで働きたくありませんし、子どもたちを「自分さえよければいい」人間にしたくありません。将来子どもたちは多くの仲間と支え合いながら生きていくのです。社会に出て通用する仕事の仕方を教えたいと思います。

　さて、そんな考えを具現化する給食指導は実に簡単です。次のようにするのです。

①エプロンをつけた子だけが配膳に関われる。
②ほかの子は手を洗ったら、配膳を行う。
③全員分の配膳が終わったら、「いただきます」をして食べはじめます。

　ただ、これだけです。カフェテリア形式なら10〜15分はかかります。でも、この方法ならメニューにもよりますが、おおむね10分以内に食べはじめることができます。速いときなら5分以内。土作学級の最短記録はなんと3分です。

コツがあります。

「エプロン組」の子は皿やおわんにおかずやごはんを盛りつけて配膳台の上にどんどん置いていきます。ほかの子は、まず、お盆をクラス全員の机上に置いていきます。その上によそわれたごはんやおかずを次々置いていきます。スプーンや牛乳、デザートも次々置いていくだけです。

まずはお試しください。最初の日に子どもたちに言います。従来より10分近くの短縮に成功します。「なぜ今日はいつもより準備時間を短縮できたかわかりますか？　そうですね。全員で協力したからです。これが協力することのすばらしさですね！　拍手～！」と喜びを共有しましょう。こうして「成功の可視化」を行うのです。

清掃指導
——仕事は自分で勝ち取るものだ！

第Ⅰ期ではグループ別で1週間か1カ月交代で行うことをお勧めしました。まずはオーソドックスな清掃指導がいかなるものかを知っていただくためです。そして、多くの先生が「6年生の子どもたちって清掃を真面目にしないなあ」と実感されたことでしょう。そうです。清掃指導こそ「手抜き」し放題になる危険性をはらんだ局面なのです。

これも逆にいえば、清掃を一生懸命やる学級なら学級経営はまず大丈夫ということです。

では、どのように清掃を一生懸命させるのか？

それは「清掃士免許制度」です。これは「掃除は放っておいても自然にあてがわれるもの」だと

いう生ぬるい「常識」を打破する方法です。簡単に言うと「掃除をするためには免許が必要」というシステムをつくるのです。これは従来の当番活動の思想と根本的に異なるものです。

「社会に出て通用するか？」この視点をもって学校の清掃指導をみると「甘っちょろい」としかいいようがありません。学校さえ卒業したら仕事にありつけるなんて絵空事です。そもそも仕事ができるのはありがたいことであり、やる気のある者のところにしか回ってこないものです。その職業観を子どもたちにもたせたいと思います。

やり方はシンプルです。次のように言います。

「今日から掃除はやりたい人だけでやりましょう。やりたくない人はうろうろされるとじゃまなので教室で友だちの掃除を見学でもしておいてください。ところで掃除をしたい人はどれくらいいますか？」こう問うとおそらく全員が「志願」するでしょう。そこで、「では、今日から1週間テストをします。私が合格を出した人には、これからもそこの掃除をお任せします。がんばってください」。そう言って1週間の働きぶりを見ます。そして、「黙って一生懸命にやっているなあ」と思った子に合格を出します（巻末139ページのような免許状を交付します）。そうして、子どもたちに「掃除ができることは仕事ができる人だ！」と認められなければできないというプライドをもたせるのです。名札にご褒美シールを免許状代わりに貼ってあげてもいいでしょう。

清掃指導はほかならぬキャリア教育だと思っています。

学校行事
決まり・協力・準備

自分がすべきことはわかっていても、常に意識して行動できるとはかぎらない。行動を支える鍵はどこにあるのか、子どもたちに問いかけます。

いよいよ今日から修学旅行です！
前にお話ししましたが
修学旅行は遊びで行く旅行ではありません！
普段学校で生活しているあなたたちが
社会の中できちんとした行動がとれるか試しに行く場と考えてください
6年間の集大成修学旅行！2日間子どもたちをあずかるのも緊張するけど
みんなちゃんと行動できるか心配だな……
それでは、身につける力の復習をしましょう。「決まりを守る力」、
決まりを守る力
成功させましょうね！
ハイ！

第Ⅰ期では運動会を取りあげ、学校行事への参加姿勢を指導する際の具体例を紹介しました。

日々、混沌《こんとん》と過ぎていくなかで、子どもも教師も「なぜ、その行事を行うのか？　何のためにするのか？」を問い直す機会がないまま、「行事の消化」に明け暮れていきます。これでは子どもたちに効果的な指導ができないばかりか、下手をすると「勘違い」する子どもたちを「増産」することになりかねません。

第Ⅱ期においては修学旅行を取りあげ、どのように子どもたちの力を伸ばすのかについて紹介します。

この学校行事指導には骨格があります。次の通りです。

①学校行事の意義を問う。
②この学校行事を通して身につけるべき力は何か問う。
③具体的にどのような場面でどんな言動をとるのが望ましいのか考えさせる。
④子どもたちの行動を見て評価する。

修学旅行

①学校行事の意義を問う

事前指導など学年全体が集まったときに指導します。次のように問います。

「修学旅行の『修学』とはどういう意味か知っていますか?」辞書などを用意しておき、ひとりの子に引かせて読ませるとよいでしょう。

【修学】学問を修め、習うこと。

次に、「では、『修める』とはどういう意味ですか?」と問います。

【修める】欠点を直し、足りないところを補って、人格や行いを立派にする。

「つまり、いつもは未熟ゆえに学校という隔離された場所で学習している君たちが、6年間勉強した集大成として『社会のなかで立派な言動がとれるかどうか』試しにいく機会だといえるでしょう」

②この学校行事を通して身につけるべき力は何かを問う

次のように問います。

「さて、運動会と同じく、修学旅行を通してあなたたちが身につける力は何ですか?」

こう聞いて挙手しない子を許してはなりません。「今、手を挙げていない子は立ちなさい。あなたたちを修学旅行に連れて行くととんでもな

いことになります。ここに残って勉強していなさい。修学旅行に行くのですか？　もし行くのなら、『どんな力をつけるのか』言えなければ話にならない！　思いついたら座りなさい」と、このくらい追い込む必要があります。

すると、「決まりを守る力」とか「協力する力」とか「準備をする力」などの答えが出されるはずです。

③具体的にどのような場面で、どんな言動をとるのが望ましいのか考えさせる

次のように問います。「では、それらの力は修学旅行の行程のなかのどこで身につきますか？」

・決まりを守る力⬇「就寝時間を守る」「集合時間には遅れない」「5分前には集まっておく」など

・協力する力⬇「フィールドワークで全員で行動する」「部屋の片づけなどは協力し合う」など

・準備する力⬇「持っていく荷物を前の日までに用意しチェックしておく」「持ち物すべてに名前を書いておく」など

そのほかにも「歩くときは一般の人たちの迷惑にならないようにする」「駅構内などで待つときは騒がない」「あいさつをしっかりする」などの必要最低限のマナーを子どもたちの方から出させます。

④子どもたちの行動を見て評価する

これは修学旅行当日に行います。「問題があるなあ」と感じたら、その場で指導します。「みなさんの先ほどの駅構内での歩き方を見せてもらいましたが、『あれが修学旅行生としてふさわしい最高の歩き方だった！』と言える子はいますか？」「全員起立。自信のある者は座りなさい！」と、このくらい追いつめます。「今後、あのような無様な姿をさらすのなら、予定を中止します！」と厳しく言います。

「これだけの人数がぞろぞろ歩くのは一般の人からすれば迷惑以外の何ものでもないのです。『何や？　あのうるさい子どもたち？　どこの学校や？』と思われたいのか？　『おーっ、行儀いいなあ。どこの学校？　いい子たちやなあ』と思われたいのかどっちだ？」子どもたちにさらに問います。挙手させましょう。前者に手を挙げるような「馬鹿者」には行動を規制するなどの断固たる処置をとります。そのくらいの覚悟で臨むのです。

逆にすばらしい動きがあったのなら、ひと通りの行程を終えたあとに、「今日のみなさんの行動はとってもすばらしかった。さすがは○○小学校の最上級生です！」と思い切りほめてあげます。いずれにせよ、子どもたちの言動が「修学」という観点からみて「よいのか？　悪いのか？」評価規準を示し、こまめにきっちり評価してあげることで、子どもたちの言動は望ましい方向へと変わっていきます。

第Ⅲ期　指導後期

教師がフェイドアウトしていく

自ら動いて助け合う……ボクが4月に掲げた目標に子どもたちが到達してるなー!!
じ〜ん
先生、私たちだけでもできたね!

この時期は、教師の指導はなくても、子どもたちが自分たちだけで望ましい動きをしていけるようになります。朝の会や帰りの会は自分たちだけで進めていけます。授業の課題の多くの部分を自分たちで解決していけます。

給食の準備や掃除当番の仕事では教師の「監視」はもはや必要ありません。

教師に何も言われなくても自分たちだけで判断していちばん望ましい言動がとれるようになっていきます。

若い先生方はまずは第Ⅱ期までは、ていねいに学級経営に専念されてください。ただし、その向こう側には、第Ⅲ期というステージのあることを忘れずに前進し続けていってください。第Ⅲ期は学級経営の「理想イメージ」なのです。

授業
子どもが授業する

担任がいなくても子どもたちだけで学校生活をおくることのできるシステムをめざしてきました。いよいよ授業も子ども主導に挑戦です。

第Ⅰ期で「子どもたちを惹《ひ》きつけていつの間にか授業のペースに乗せる」授業構成を徹底し、第Ⅱ期で「子どもたち同士のつながり」を徹底してきました。

これだけできれば授業はうまくいき、学力も向上します。崩壊していた学級などは、まずはこのレベルを目標にがんばるといいでしょう。

そのうえで、もしこのレベルまで到達できたと感じたら、さらに上のレベルをめざします。その具体的なイメージは、子どもたちだけで授業を進めるというものです。

とはいえ、すべての授業を子どもたちだけで進めることは不可能です。また、45分のなかで教師が補助すべきところへはどんどん介入していきます。それを前提に、算数の授業を紹介します。

算数

次の骨格で進めます。

①授業のねらいを示す。
②出題された問題を自力で考える。
③ペアで意見交流する。
④教室中を歩き回って、できるだけ多くの友だ

ちと意見交流する。

⑤ひとりの子が前に出て説明する。

⑥付け加えて説明を続けていく。

⑦教師が補足説明する。

⑧理解度確認問題を出題し、個別チェックする。

①授業のねらいを示す

教科書の指導書（赤本）に掲載されている「本時のねらい」を板書する。

②出題された問題を自力で考える

教科書の問題を考えさせる。教科書には思いついたことや疑問などを記入させる。「あとで友だちと意見交流するときに話す言葉を書いていきます」と指導します。

③ペアで意見交流する

となり同士、「よろしくお願いします!」とあいさつをして意見交流を行う。このとき、教科書やノートの見せ方、言葉遣い、表情などについて指導しておく。教科書やノートは相手が見やすい方向にすること、言葉遣いはやさしく、相手がわかったかどうか確認しながら、表情はにこやかに、といった具合にです。

④教室中を歩き回って、できるだけ多くの友だちと意見交流する

男女を問わず、誰とでも「ペア交流」のときと同じことに気をつけて交流させます。

④教室中を歩き回って
できるだけ多くの友だちと
意見交流させる
ここではどうかな？
ん！
あの子たちは
いつもつるんでる
グループの……
ペアを変えないでずっと同じ2人でしゃべってるな……
キャハハ
よう！そこのおふたり！
次は勇気出して男子と組んでみよっか！
レッツチャレンジ！
…そうしよっか
ウン
⑤時間がきたらひとりの子に発表させる
よって面積は16cm²だと思いました！
ほかに付け足しはありますか？

⑤ひとりの子が前に出て説明する

時間がきたら着席させます。そして「まったくわからない人はいますか？」と聞きます。手が挙がったら「今から説明する人はこの人たちに『よくわかった！』と言ってもらえるように説明してくださいね」と言います。そのうえでアトランダムにひとりの子を当てます。その子に説明させます。説明するときは次のことを意識させます。

・板書をわかりやすく（図や線、色チョークなどを使ってわかりやすく仕上げることを指導する）。

・黒板に話すのでなく、聞いている人の表情を確認しながら説明させる。

⑥付け加えて説明を続けていく

「付け加えや質問はありませんか？」と説明し終えた子が聞く。だれか挙手すれば指名して交代する。これをくり返していく。

⑦教師が補足説明する

子どもたちの説明が途絶えたら最後の子に「これで終わります」と宣言させて終わります。その後、教師が補足説明します。育ってくると教師が付け加えることがほとんど不要になってきます。

⑧理解度確認問題を出題し、個別チェックする

教師がチェックします。○をもらったらノートを提出して授業は終わりになります。早く終わった子には課題を出すなどしておきます。また、必

要に応じて、教え役にしてもいいでしょう。おそらくクラスの8割方は○をもらえて、一応「ねらい達成」と把握します。のこり2割の子（4～5人程度）には理解度に応じて個人指導をします。授業終了7分前くらいに、この個別チェックをスタートすると、授業の延長をしなくても済みます。それでも理解できない子については、教師が責任をもって指導します。

教師が指導しても理解しきれない子は必ずいます。問題はその子にどのように理解させるかですが、基本は個人指導になります。

このスタイルなら、それまでの授業を子どもたちだけでやりきったという意識をもたせることができます。

ひとりの子が説明するところで、担任教師は「教育実習生」を担当したつもりで説明役の子に指導するとよいでしょう。プレゼン力が身につきます。また、説明をする子は意欲的な子ばかりでなく、苦手意識をもっている子にもやってもらいます。全員でその子をフォローして自信をつけさせていきましょう。

宿題 自学ノートにチャレンジ

決められた宿題をきれいにていねいにできるようになってきたら、次の段階は、内容も量も自分で決めてしまう自学の道へ。興味関心の赴くままに学習が広がります。

漢字ノートの意味調べレベルが安定してきたなあ
先生！意味調べもいいけどもっとほかにおもしろい宿題出してよ！
えっ すごいやる気出てきたねえ わかった 何か考えてみるよ
……って子どもたちから提案されたんですけど何かありますかね？
わーっ！すごい積極的だね！
じゃあ「自学ノート」はどう？
JIGAKU

第Ⅱ期までは漢字ノートを徹底的に極めることを紹介しました。これだけでいいから1年間継続すればそれは大きな力になります。

第Ⅲ期は教師の介入、指導なしのレベルですから、「宿題を出さなくても学力は向上している」というのが理想のイメージでしょう。

それを前提に、このあとも子どもたちの宿題レベルを上げるというのなら、やはり自学ノートへのチャレンジになるでしょう。

自学のやり方については多くの書籍などで紹介されているので本書ではくわしくふれませんが、基本的には自分のやりたい内容をやりたいようにするということです。これも第Ⅲ期だけでなく、第Ⅰ期から扱うことで質、量ともすごい自学力が身につくことでしょう。

ここでは第Ⅲ期から自学を扱うときの指導について紹介します。

学習した内容をていねいにまとめる

まずは、ある日に学習した内容を自分なりにまとめることをさせます。その際に、「家の人に見てもらう」ことを前提として、きれいに読みやすくまとめることを指導します。これには今までの

子どもたちの「優秀作品」を見せて、「すごいなあ。真似したいなあ」と思うところを子どもたちの方から出させます。

「文字がていねい」「カラフル」「イラストを入れている」などのことが出されるでしょう。それらを踏まえて、まずはトライさせます。

次のレベルとして、自分のやりたい教科、領域を選び、きれいにまとめてくることを課題として出します。

次のようなメニューがあります。

国語

- 漢字の成り立ち研究
- 難読漢字の研究
- 故事成語の研究
- 四字熟語の研究
- 説明文の構造研究
- 物語文の研究
- 連続小説
- 字がうまくなる研究
- 読書感想文
- 新聞記事の書評

算数

- 文章題の研究
- 円周率の研究
- 論理学クイズの研究
- 四則計算の研究
- 入試問題にチャレンジ
- 確率の研究

みんな見てください！
佐々木《ささき》さんは重要な部分の強調やまとめの目立たせ方がうまいね！
わー
12/6授業まとめ
課題
〈私の考え〉
わかったこと
まとめ
おお〜
えへへ…
木村《きむら》さんはイラストや図を使っているね楽しいしほかの人が読んでも理解しやすいね！
スゴーイ
12/6まとめ
ぎもん
私の予想
こう考えよう！
まとめ
数日後
あきら先生ノートを掲示してるの？
はいうまい人のノートを拡大コピーしたんです！
みんなの
○○さん
○○さん
みんな上手な子のノートは真似したくて見たがるので……
私も見たーい
ワー
ワー
見せて
いいね！慣れてきたら授業のまとめだけでなく自分が気になることをまとめさせてみよう

・全国学力テストB問題の研究

理科

・飼育日記
・栽培日記
・化学変化の研究
・エレベーターの研究
・ジェットコースターの研究
・地震の研究
・津波の研究
・宇宙の研究
・化石の研究
・恐竜の研究

社会

・世界各国の研究（1日に1つの国を取りあげて紹介していく）
・国旗の研究
・世界ベスト10（山、川、湖など）
・地図記号の研究
・世界遺産の研究
・鉄道の研究
・国道の研究
・飛行機の研究
・船の研究
・歴史人物の研究（1日に1人の人物を取り上げて紹介していく）
・戦争の研究（これまでに世界で起こった戦争について調べてくる）

枚挙にいとまがないのですが、このほかにも体育や図工、道徳、英語などもあります。自学ノートを1冊持たせて継続していきます。

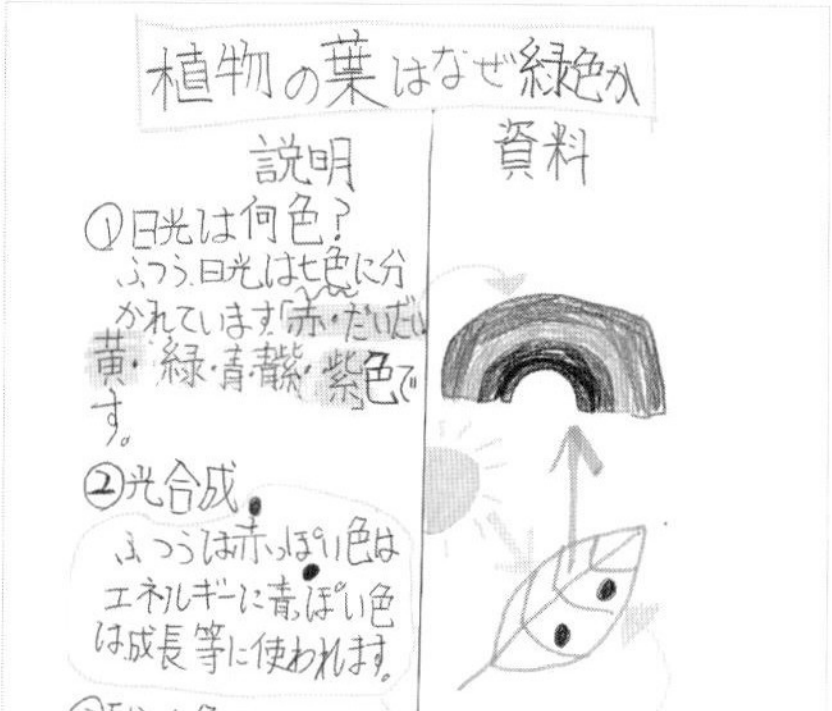

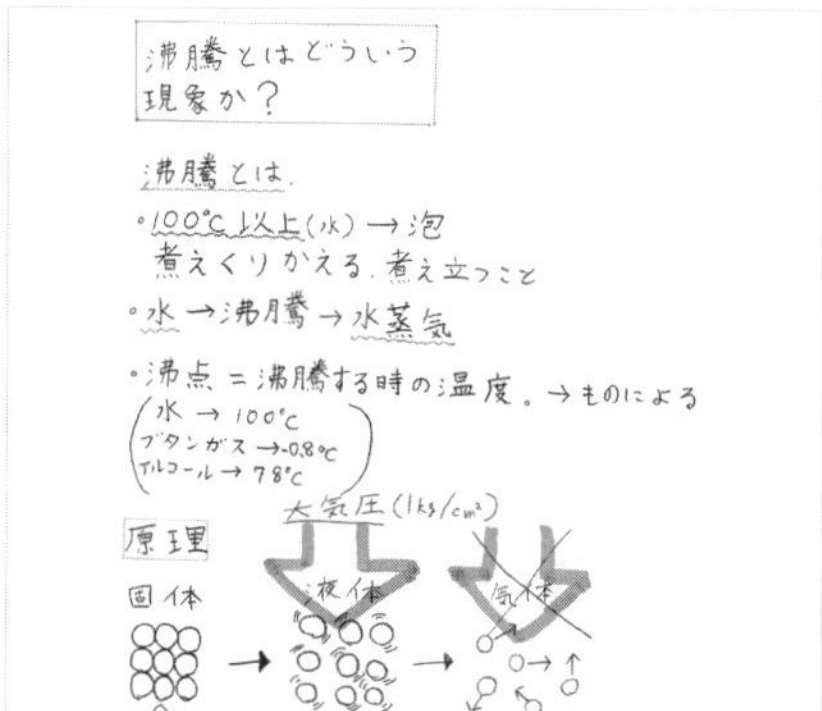

自学ノートの例　「植物の葉はなぜ緑色か」「沸騰とはどういう現象か」

やってきた自学ノートで優秀なものは教室内に掲示していきます。それらを見て、自分が取り入れていく（盗む）ことを大いに勧めます。

学校生活
どんな状況でもできる

気持ちのよい、相手を意識したあいさつができるようになったら、いつでも・どこでも・だれとでも。6年だからこそできる自主的な行動をめざします。

あいさつ――いつでもどこでもだれとでも

第Ⅱ期までに身につけたあいさつをどんな状況でもできるように指導することが第Ⅲ期の指導になります。特に、次の状況であいさつをしているか確認します。

・学校に入って出会った友だちや先生
・教室に入って出会った友だちや先生
・登下校で出会った立哨《りっしょう》当番の大人の人たち
・学校や教室に来られたお客さんたち

これは指導もチェックもなかなか難しいのですが、そのような局面でもあいさつできなければホンモノではないことを話します。有効な方法では朝いちばんの校舎内清掃という機会などを利用します。これは有志を募って朝いちばんの校舎内の目立ったほこりやごみを掃き清める「ボランティア」活動なのですが、「掃除しているときにすれちがった人全員とあいさつをしましょう」と指導します。朝から校舎のあちこちで元気なあいさつが聞かれるようになります。

また、朝いちばんに有志で正門前に整列し、登校、出勤してくるすべての人にあいさつをすると

いう「あいさつ運動」を行ったりします。そういうなかで空気を吸うかのようにあいさつができる子を育てていきます。

朝礼——教師は後ろから見ているだけ

教師は子どもたちが教室から移動してくる前に整列する場所に入っておきます。列の後ろの方で子どもたちの様子をじっと見ておきます。そして第Ⅰ〜Ⅱ期で指導したポイントができているかをチェックします。

主に「あいさつ」「聞く態度・姿勢」「間隔」です。それらが果たして卒業何カ月前になったら完全にできるようになるのか見ておきます。もし、そのポイントをクリアできたら、次に会場の片づけなどをさせます。特に体育館などでの朝礼や集会の後は窓閉めや消灯などを率先してやらせます。また、体育館での出入りで一礼できるかどうかも出入り口付近で見ておきます。

休み時間——規範意識と次への準備

この完成期に見るべきは、子どもたちの様子に加えて机の上です。晴れた日には基本的に運動場へ出します。その際に、机の上に次の授業の準備や片づけがきっちりできているかを見るのです。

これには、それぞれ意味があります。まず「晴れた日には外へ出す」ことですが、これはエネルギーを発散できているかということと、「晴れたら外で遊ぼう」という決まりを守れているかを見るためです。小人閑居して不善を為《な》す、といいます。6年生ならまだまだ元気な少年少女です。冬

朝の会を始めるタイミングは先生が教室に入ってきたときでもいいし
ガラッ
先生が来なくても時間がきたら子どもたちだけで始めるようにしてもOK
ルールを決めておこう！
朝の会を始めます！
ガタ　ガタッ
休み時間
晴れの日は外で遊ぶようにしてるから誰もいないな～
そしてこのときにチェックすべきは……
次の授業の準備ができているか！
常にスムーズに次の行動がとれるようになっているといいね！

の寒い日、多少雪が舞っていても外で遊ぶくらいのエネルギー発散が行われていれば教室内でうじうじしたトラブルは起こりません。また、当たり前の決まりをしっかり守れているかは卒業式間近の、ともすれば崩れやすい時期にビシッとした雰囲気を作り出してくれます。

　また、次のことを意識して行動できるかというのも「育てる」うえでは大切なことです。学校生活に切れ目はありません。1つ終わったら次、それが終わったら次！という具合に、常に次にどんな準備が必要かを意識させていくことが大切になってきます。

朝の会・終わりの会──運営に教師は不要

　内容はどんなものでもいいので、子どもだけでスムーズに進められる状態にします。教師は何も口出ししません。時間がきたら自分たちだけで進めておくという方法もあれば、教師が教室に入った時点で始めるという方法もあります。いずれにせよ、朝の会、終わりの会のスタートのタイミングや内容を子どもたちが理解していて、かつ教師の介入が一切なくても運営できるようにしておきます。

他教室への移動──それは避難訓練

　子どもたちにはこの移動は「避難訓練と同じだ」と指導します。普段から意識して「しゃべらず、静かに、速やかに移動できるか」を訓練しておくのです。

教室移動
移動も私語なく速やかに動けるようになってきました
そうだね！この時期さらにレベルアップをめざすなら……
「避難訓練」のつもりで教室移動させてみよう！
避難訓練!?
避難訓練は「しゃべらず静かに速やか」に行うものでしょう？
それに毎回訓練を行うことで本番の避難訓練や万が一の際にもキビキビ動けるようになる！
訓練！音楽室に避難！
号令係
はいっ!!
サッサッ
サッサッ
なるほど……一石二鳥ですね！
遊びでそうするわけじゃなく「キビキビした動きが万が一のときに命を守るんだよ」という思いをしっかり伝えるようにしましょう！

号令係（日直など）を決めておき、次のように声を出します！

号令係「全員起立！　訓練！」
全員「訓練！」
号令係「音楽室に避難！」
全員「はいっ！」

という具合にです。これなら学期に1回どころでなく、6年生ならほぼ毎日速やかな整列と移動の訓練を行うことになります。そうして、いよいよ本番の避難訓練の際には速やかな移動ができるようになります。

学校では学期に1回、年間に数回しか避難訓練をしません。だから、そのたびに「今日の移動は遅かった。30点」などという評価をすることになるのです。命を守る訓練に「30点も80点もない」のです。あるのは100点か0点だけ。少しでもふざけた不十分な要素があればそれは0点であると、子どもたちに話しておくのも重要な指導です。

たかが教室移動ですが、担任は担任する子どもたちの命を守る最高責任者です。いい加減な言動には厳しく対峙《たいじ》することです。また、子どもたちもその担任の思いを理解しているかどうかが大切です。「キビキビした行動は命を守ることにつながるのです」と伝えましょう。

当番活動
質的向上

自分から進んで活動するようになった子どもたち。さらに、給食当番、掃除当番の質を高める取り組みをします。

当番活動も仕上げの時期だね～
給食もうボクが口出ししなくても子どもたちだけで素早く準備できてますよ！
それでもうちのクラスの方がすごいと思うよ？
え～どうしてるんですか？
ホームセンターで売ってるお盆を使って配膳してるの大きいからすごく速く配れるよ！
あと食器の置き方も右利きの子と左利きの子で変えてあげるようにしてるんだ！

学級経営がうまくいっているかどうかがいちばん端的に表れるのが当番活動であると述べました。いよいよ1年間の学級経営も終わるという頃には、教師の介入がなくても子どもたち自らがいきいきと動き回り、よく働く姿を理想イメージとしてもち、それをめざして指導にあたることが大切です。

給食当番――質の向上をめざして

まずは素早く準備をすることを目標にがんばることを述べてきましたが、準備に要する時間がコンスタントに5分前後になってきたら、さらに質の向上をめざした指導にシフトアップしていきましょう。

まず配膳の仕方です。次のようになります。

右利き配膳

それって全員が全員の利き手を覚えてないとできないですよね？すごーい！

いただきます！

お盆のアイデアもなるほどだな～

使わせていただきます！

「全員で！」は片づけのときも同じで特に役割を決めずに気づいた人が気づいた箇所の片づけをしているよ
助け合って進めることがベースになってるんですね！

そうじの時間はどう？「合格」出せてからもみんな継続して取り組んでる？

みんなまじめに取り組んでますよ！

じゃあこれもさらに効果的なテクニックを教えましょう！


食器や牛乳を置く場所を考えさせます。これは右利きと左利きとで逆になりますから、クラスの友だちのことを知っていないとパーフェクトの配膳にはなりません。

左利き配膳

また、机の上への配膳スピードを上げるためにお盆を使います。ネットやホームセンターで1000円程度で販売しています。これは便利です！ まるで旅館の団体さんの夕食準備みたいです。

次に片づけです。これも、ただ単に食器カゴなどに戻せばいいというものではありません。次の2点に留意させます。

①音を立てない。

②返された食器が山のようになり、倒れるのを防ぐために、2つの山に分けて返す。

終わったら自席で静かにできることをさせます。そして、給食時間の終了とともに、全員で片づけをします。これは特に役割を決めなくても、気がついた者が気がついた食器カゴなどをワゴンに返すなどの動きをしていきます。

そして、すべて終わったら全員で円陣になって

「ありがとうございました！」と声をかけて昼休みになります。給食時間も友だち同士が力を合わせて楽しく過ごすことができたのです。お互いに感謝の気持ちを表して締めくくるのです。

清掃指導――オールマイティーな技術を教える

まずは「やる気」があるかどうかで「採用」となった子どもたちですが、一定期間真面目にやれると判断したら、効果的な掃除のテクニックを教えてあげましょう。

たとえば「掃きのテクニック」です。3～5人がチームで掃きます。次のようにです。

「掃き」の目的は、「目に見える大きなごみやほこりを床の上から除去すること」です。あまりに大きい紙くずなどは手で集めて捨てます。ごみ箱や教卓、配膳台などの周辺は、それらの真下にほこりなどが溜まっていますから、ていねいにいったんそれらを横に移動して掃き、再び戻すという動きが要求されます。

次に拭きです。掃除時間になる前に子どもたちに問います。「水拭きの目的は何ですか？」

これは6年生でもわかっていない子が多いです。また、教師自身もわかっていないことが多いです。答えは「目に見えないほこりや砂を濡《ぬ》らしたぞうきんに吸着させ、床の上から除去すること」です。ですから、ぞうきんをこまめに洗わないと、吸着した汚れを床に広げることになってしまいます。

これは、次のような実験をしてみせるといいでしょう。

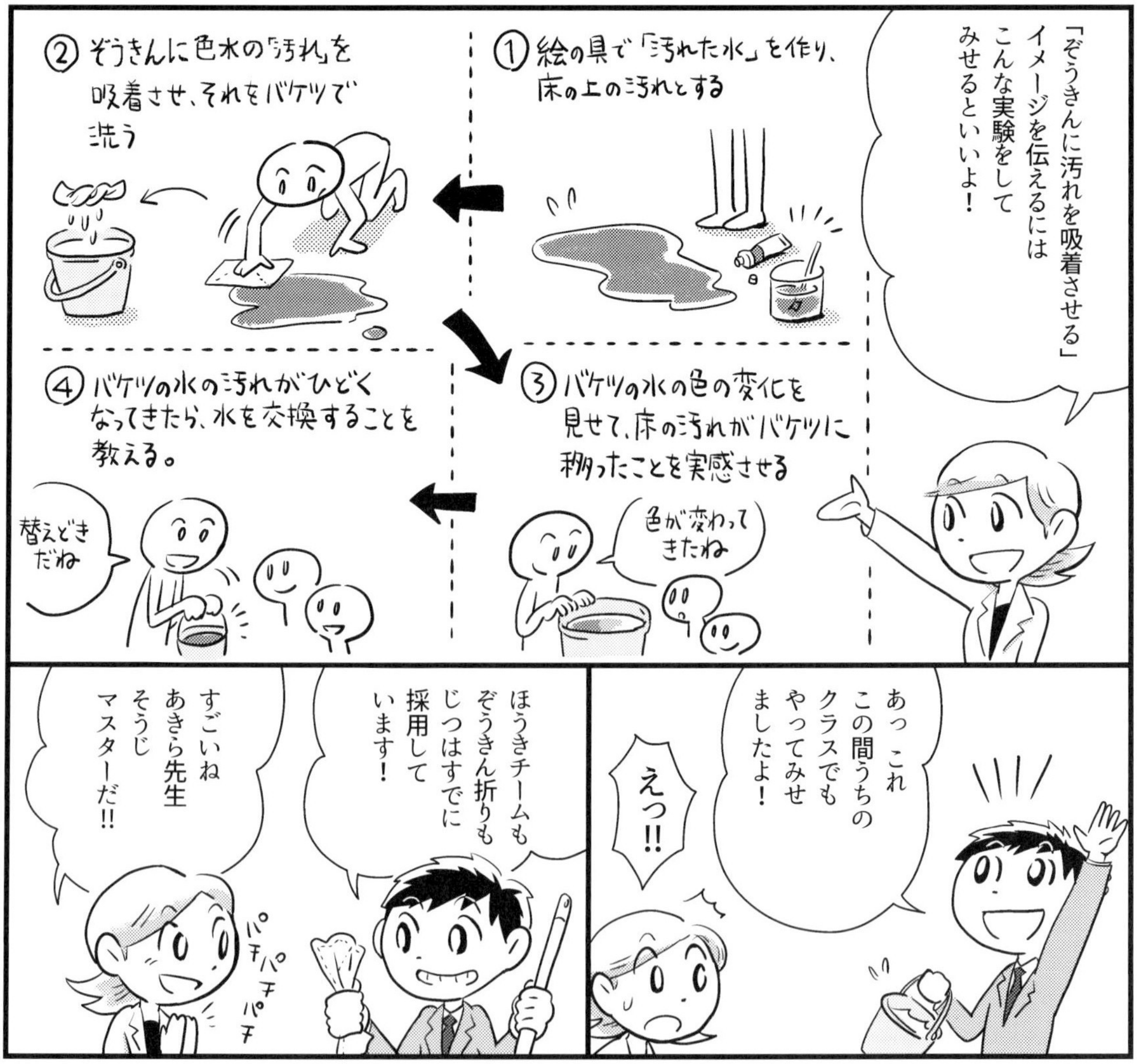
「ぞうきんに汚れを吸着させる」イメージを伝えるにはこんな実験をしてみせるといいよ！
①絵の具で「汚れた水」を作り、床の上の汚れとする
②ぞうきんに色水の「汚れ」を吸着させ、それをバケツで洗う
③バケツの水の色の変化を見せて、床の汚れがバケツに移ったことを実感させる
色が変わってきたね
④バケツの水の汚れがひどくなってきたら、水を交換することを教える。
替えどきだね
あっ これ この間うちのクラスでもやってみせましたよ！
えっ!!
ほうきチームもぞうきん折りもじつはすでに採用しています！
すごいね あきら先生 そうじマスターだ!!
パチパチパチ

①緑色などの絵の具で「汚れた水」を作る。この水を床の上の汚れに見立てる。
②ぞうきんで緑色の汚れを吸着させる。それをバケツの中に入れて洗う。
③バケツの水の色の変化を見せる。床の上の汚れがバケツに移ったことを実感させるためである。
④バケツの水はどんどん濁ってくる。汚れがひどくなったら水を交換することを教える。

また、ぞうきんは数回折って使うことも指導します。「いっぺん使ったトイレットペーパー、また使う？」子どもたちは苦笑しながら納得してくれます。常にきれいな面で拭くこと。すべての面を使ったらバケツで洗うことも教えます。ここまで教えてやっと、子どもたちはまともな掃除道具の使い方を知るのです。

　すると、「目に見える大きなごみやほこりを床の上から除去すること」が目的の「掃き」の仕事は、目的を達したら続けても仕方ないことがわかります。すぐに拭きに移ることも教えます。よく見かける仕事分担で「掃き」とか「小ぼうき」というのがあります。掃除時間中その道具を持ったままなのでしょうか？　あり得ないことです。オールマイティーに掃除道具を使いこなせる子どもを育てましょう。

学校行事
総決算・卒業式

卒業式にどんな心構えで臨むのか、一つひとつの式次第の意味を理解する。6年間の締めくくりに、晴れ晴れとした気持ちの式を子どもたちとつくりあげます。

第Ⅱ期までにすべての学校行事において、「①その意義を問い」「②身につける力は何か問い」「③とるべき具体的な言動を問い」「④それらの子どもたちの言動を評価」し続けてきたはずです。

その総決算がなんといっても卒業式です。その指導の具体例を紹介します。

卒業式――最後の授業参観

子どもたちにまず問います。

「『卒業式』の正式な名前を知っていますか?」

「卒業証書授与式」であることを教えます。

「では、その卒業証書授与式は行わなければならないと法律で決まっていると思いますか?」と聞きます。これは「決まっていない」が答えです。学校長が卒業証書を授与することは定められていますが、卒業証書授与式を行わなければならないと決められていません。ですから「いわゆる卒業式は別に行わなくてもいい」ことを教えます。

では、なぜ卒業式を行うのでしょうか？　教師がここをしっかりもっていないと最後の最後まで単なる「学校行事の消化」に終わってしまいます。

子どもたちに聞きます。ここまでの学校行事での指導が奏功していれば「〜な力を身につけるた

めにやる」という言葉が出てくるでしょう。
たとえば次のような力です。

・集中力
・忍耐力
・礼儀作法をもって行動する力
・表現力

そのうえで次のように語ります。

「卒業証書授与式は最後の授業参観です。今までの参観なら教室でやっていましたが、最後はちがいます。体育館で1000名近い人たちを招いて行います。なぜかわかりますか？ それは『6年間でこれだけ力を身につけることができました』ということをお世話になった方々へ見せることで感謝の気持ちを表すためなのです。当日は保護者だけではありません。本校の先生方はもちろん、幼稚園や保育園の先生方、地域の民生委員さん、教育委員会の人たちが参加されます。すべてみなさんが6年間の小学校生活を送るために力を尽くしてくださった方々です。その方々にお忙しいなか来ていただき、『みなさんのおかげでここまで力をつけることができました。見てください！』というのが卒業証書授与式なのです」

子どもたちはそんなことを聞いたことがないはずです。ただ単に最後に行う儀式だとしか認識していないはずです。そこで、その考えを根底から覆す語りが必要になるのです。

「そんなたくさんの恩人を目の前にして君たちはどんな姿を見せるのですか？ 無様な姿を見せ

そして卒業式当日
安達《あだち》さん
はい!
安倍《あべ》さん!
はい!
スッ
みんな姿勢もいいし
声もすごい出てる!
練習の成果が出てるな
……
はい!
白い光の中に
山並みは
萌えて〜
ワー
ワー
パチパチ
パチパチ
パチ
ひろみ先生
あきら先生
お疲れさま!!
先生方のおかげで
無事終えることが
できました
ありがとう
ございます!
あきら先生!!

るくらいなら参加するな。卒業証書は後日郵送してあげます。さあ、聞こう。感謝の気持ちをこめて最後の卒業証書授与式に出る!という人は立ちなさい」。これで全員立たなければ今までの指導は瓦解しますね。ここはその年いちばんの勝負どころです。真剣に問いかけましょう。

そのうえで卒業証書授与式での式次第を紹介し、そこで発揮すべき力を確認のうえ、細かい指導に移ります。

①卒業生入場

凛《りん》とした入場の仕方を指導します。胸を張ったきれいな歩き方、真剣に一点を見つめた視線、真剣な表情、ビシッとした服装などに留意させます。

②国歌斉唱

大声でなくていいので、会場内に響く粛然とした歌い方を指導します。これは音楽担当の先生と打ち合わせをしておく必要があります。

③卒業証書授与

作法は学校によっていろいろあります。管理職とも相談のうえ、学年で統一しておきます。呼ばれた後の大きな返事、堂々たる歩き方、粛然たる階段の上り下りの仕方、キビキビした証書の受け取り方、お礼の言い方や声量、席への戻り方に留意させます。

④学校長祝辞　⑤来賓祝辞

お礼を言われたときの会釈の仕方。素早く静

かなスピード感ある起立と着席、最敬礼の角度、まっすぐな視線、背筋がビシッとした姿勢に留意させます。

⑥別れの言葉

感情を込め、会場に響く通る声、全員のセリフのそろえ方、きれいな歌声に留意させます。

⑦卒業生退場

最後の花道です。入場のときと同じことを指導します。凛とした退場の仕方、胸を張ったきれいな歩き方、真剣に一点を見つめた視線、真剣な表情、ビシッとした服装などに留意させせます。会場を出て教室に戻るまでも騒ぐことなく粛々と行動することを教えます。

常にほかの学級の先生方や管理職、音楽の先生方と相談しながら、指導計画を立て、実行します。

1年をふり返って

4月に考えていた目標にてらして、この1年どうだったかふり返ります。目の前の子どもに精いっぱい指導してきたこと、よかったところ、反省するところを見つけ、次の自分に生かします。

まずは新学期に必要な「装備」を整え、自分なりに「哲学」「上達論」を意識して学級経営を行ってきたとしても、必ず反省点というものはあるはずです。それを真摯に見つめ直し、次年度の学級経営に生かしていくという営みを十数年くり返していけば、教師としての力量は確実にアップしていくことでしょう。

では、どのようなことを反省していけばいいのでしょうか？ それは子どもたちの最終的な姿を見て「診断」することが大事です。その観点は次の3点です。

①子どもたちに素直さはあったか？
②子どもたち同士は仲がよかったか？
③子どもたちは規律を守り、学習習慣が身についていたか？

①について。もし、子どもたちが反抗的であった場合、教師が子どもたちと十分に信頼関係を構築できていなかったことがあげられます。たとえば子どもたちのことをほめて認

③規律は守れてたか？学習習慣はついていたか？
最初の頃は宿題やってこない子がいたな〜
そうやって思い返してみるとみんな最終的にはかなり成長していたかも！
ならそれはあきら先生の学級経営がうまくいったということだよ！
いや〜ひろみ先生のおかげですよ
ただし！
これで満足せず常に反省点を見つめ直して次の年に生かしていくこと！
そのくり返しこそが自分をレベルアップさせるんだよ！
反省
反省
実践
実践
「教師って天職！」っていえるようにこれからもがんばっていこう!!
はい！

めることをどのように行ってきましたか？　日記ですか？　口頭ですか？　お手紙ですか？　それはクラス全員に対して行いましたか？

②について。子どもたちの仲がぎくしゃくしているなら、お互いを認め合う機会が十分でなかったことが考えられます。子どもたちがつながる仕掛けを取り入れてきましたか？　子どもたちがお互いをほめ合う活動は定期的にどのくらい行いましたか？　小グループを解体すべく、クラス全体でチャレンジする課題をどのくらい与えましたか？　また、それが成功したとき、その思い出を子どもたちの視覚にのこる工夫をしましたか？

③について。子どもたちが何かとザワザワしていて、小さなトラブルが絶えない場合、学習規律が貫徹されていなかったことが考えられます。子どもたちは授業開始時に着席しており、チャイムと同時に授業をスタートできましたか？　挙手の手はまっすぐでしたか？　そのようなあたりまえのことを貫徹させるシステムは存在しましたか？

次年度は以上のようなことをチェックして捲《けん》土《ど》重来《ちょうらい》、心機一転、学級経営の戦略を練ってみてください。絶え間なき自己研修を経て、ぜひ「教師って天職や！」といえる日々を送ってください！

土作　彰

辞　令

所有資格　◯級清掃士

担当場所　　年　　組　◯◯◯◯

氏　　名

あなたは所定の筆記試験、実習試験に合格し、担当場所をプライドをもってきれいに掃除する意志が十分にあると認められました。

ここに正式に辞令を発令します。

これからも◯◯◯小学校の代表として掃除を続け、自分の心を磨き、良き伝統を創り上げてください。

年　月　日

年　　組　担任

著者・マンガ家紹介

土作 彰　つちさく・あきら
1965年大阪府八尾市生まれ。1990年より奈良県小学校教員に採用される。滑舌が悪く大雑把な自分自身は，日本一教師に向いていない人間と自負しながら，生き恥をさらして四半世紀教壇に立ち続けてきた。学級経営を成功させるには「知的権威の確立」「リレーション」「社会的手抜きの駆逐」の３要素が必要という「学級づくりの3D理論」を提唱。その検証に明け暮れる。著書には『子どもを伸ばす学級づくり―「哲学」ある指導法が子どもを育てる』（日本標準），『マンガでわかる学級崩壊予防の極意―子どもたちが自ら学ぶ学級づくり』（小学館）などがある。

石山さやか　いしやま・さやか
1981年埼玉県生まれ，東京都在住。創形美術学校ビジュアルデザイン科イラストレーション専攻卒，イラストレーション青山塾ドローイング科修了。都内の広告代理店で勤務後，2011年よりイラストレーターとしての活動を開始。これまでに書籍装丁，雑誌挿絵，イベントフライヤーなどを手がける。主な仕事に季刊誌『教師のチカラ』（日本標準）本文イラストレーションなど。また，2013年より漫画作品の制作も始める。本作が初の単行本となる。

明日からできる**速効マンガ**
6年生の学級づくり

2016年3月25日　第1刷発行

著　　者　土作　彰
マ ン ガ　石山　さやか
発 行 者　伊藤　潔
発 行 所　株式会社 日本標準
〒167-0052　東京都杉並区南荻窪3-31-18
電話　03-3334-2630［編集］
03-3334-2620［営業］
http://www.nipponhyojun.co.jp/

表紙・編集協力・デザイン　株式会社 コッフェル
印刷・製本　株式会社 リーブルテック

＊乱丁・落丁の場合はお取り替えいたします。　ISBN 978-4-8208-0597-7
＊定価はカバーに表示してあります。